2014年度入試用

首都圏 公立中高一貫校ガイド

目次

首都圏公立中高一貫校の
2013年度の結果から2014年度を予想する

安田 理（安田教育研究所代表）

安田教育研究所代表。東京都生まれ。早稲田大学卒業後、(株)学習研究社入社。
雑誌の編集長を務めた後、受験情報誌・教育書籍の企画・編集にあたる。2002年安田教育研究所を設立。
講演・執筆・情報発信、セミナーの開催、コンサルティングなど幅広く活躍中。

卒業生の合格実績が良好な東京とその他3県では、２０１３年度の公立中高一貫校の入試が対照的でした。公立中高一貫校の大学合格実績や偏差値の変化などから、２０１４年度の入試を考えていきます。

東京では11校中8校が受検者増

２０１２年度と２０１３年度の受検者数を対比する表をつくってみました。表を見ていただくと一目瞭然ですが、２０１３年度の公立中高一貫校の入試は、東京と3県では対照的な結果になりました。

東京では11校中**小石川中等教育、武蔵高校附属、千代田区立九段中等教育**の3校を除く8校が前年より受検者が増えました。一方、3県で増えたのは7校中神奈川の**平塚中等教育**1校のみでした（公立中高一貫校は全国的にも開校初年度から少しずつ減っていくことが通例です）。

東京の多くの学校が増えているのは、卒業生がでた5校の大学合格実績が良好なことが影響していると思われます（3県では**千葉市立稲毛高校附属、さいたま市立浦和**で２０１３年3月に1期生が卒業しました）。

ただ3県でも、**横浜市立南高校附属、相模原中等教育、千葉県立千葉**は依然として１０００名を超える受検者がいるので、厳しい入試であったことには変わりがありません。

■2013年度公立中高一貫校　受検者数前年比較

学校名	募集人数 （　）内は特別枠	13年 受検者数	12年 受検者数
■東京			
桜修館中等教育	男80女80	**1410**	1025
大泉高校附属	男60女60	**1101**	935
小石川中等教育	男80女80（男女計約5）	911	1049
立川国際中等教育	男65女65（男女計30）	**862**	847
白鷗高校附属	男80女80（男女計約16）	**1295**	1210
富士高校附属	男60女60	**749**	737
三鷹中等教育	男80女80	**1181**	1063
南多摩中等教育	男80女80	**1161**	1154
武蔵高校附属	男60女60	695	699
両国高校附属	男60女60	**942**	884
区立九段中等教育	A(区内)男40　A女40 B(区外都内生)男40　B女40	813	850
■神奈川			
相模原中等教育	男80女80	1444	1505
平塚中等教育	男80女80	**880**	869
横浜市立南高校附属	男80女80	1520	1696
■千葉			
県立千葉	男40女40	1067	1148
千葉市立稲毛高校附属	男40女40	797	800
■埼玉			
県立伊奈学園	男女計80	704	950
さいたま市立浦和	男40女40	575	714

13年受検者数の欄の**太字**は前年より受検者増を示す

■3模試における公立中高一貫校の位置づけ(男子)

偏差値	四谷大塚	日能研	首都圏模試
70			△県立千葉
69			
68			
67			
66	△県立千葉		△都立小石川
65		県立千葉	
64	△都立小石川		
63		都立小石川	△都立両国
62			△都立白鷗、△都立武蔵
61	都立武蔵	△都立武蔵	△都立桜修館
60	△都立両国		△区立九段、△横浜市立南
59	△都立桜修館		△市立浦和、△都立富士
58	△市立浦和、△横浜市立南		△市立稲毛、△都立南多摩、都立立川国際、△都立三鷹、△県立相模原
57	△都立白鷗、△都立大泉、△区立九段	市立浦和、△都立南多摩	△都立大泉
56	△都立富士、△都立南多摩、都立三鷹、県立相模原	都立両国、△都立桜修館	
55	都立立川国際	△横浜市立南	
54	△県立平塚		△県立平塚
53	市立稲毛	△都立大泉、都立三鷹、県立相模原	
52		△都立白鷗	
51		区立九段	

■3模試における公立中高一貫校の位置づけ(女子)

偏差値	四谷大塚	日能研	首都圏模試
70			△県立千葉
69			
68			
67	△県立千葉		
66			
65		県立千葉	△都立小石川
64	都立小石川、△都立武蔵		
63		都立小石川	△都立両国
62	△都立両国、△都立桜修館		△都立白鷗、都立武蔵
61	△横浜市立南	△都立武蔵	△都立桜修館、△横浜市立南
60			
59	△都立白鷗、△都立大泉、△区立九段		市立浦和、市立稲毛、△都立富士、△区立九段
58	市立浦和、△都立富士、△都立南多摩、都立三鷹、県立相模原		△都立南多摩、都立立川国際、都立三鷹、△県立相模原
57	都立立川国際	市立浦和、△都立桜修館、△都立南多摩	△都立大泉
56		都立両国	
55	市立稲毛	△横浜市立南	
54	△県立平塚	都立富士	△県立平塚
53		△都立大泉、都立三鷹、県立相模原	
52		△都立白鷗	
51		区立九段	
50			
49			
48		県立平塚	
47		県立伊奈	

難関校は男子の受検者が多い

公立中高一貫校の受検者は女子の方が多いことがふつうですが、むずかしいとされる**小石川中等教育、武蔵高校附属、千葉県立千葉**の３校だけは男子の方が多くなっています（前年までは**両国高校附属、三鷹中等教育**も男子の方が多数）。

その理由としては、

１．小学校の報告書の成績（５年と６年）を合否判定の資料に用います（**九段中等教育**は４年から）。

２．適性検査に読解や記述など女子の得意な内容が多いことがあげられます。ただここへきて、学校側が適性検査問題に理数系の要素を強めている傾向が見られますので、男子に有利になる可能性もあります。

ひと口に「適性検査」といっても、公立中高一貫校ごとに傾向がちがうので（神奈川の２校は同一問題）、目標校に合わせてきちんとした対策を立てることが必要です。

また、受検者数の増減を見ると、やさしいとされる学校が増えていることがわかります。経済的に、公立中高一貫校でなければ進学させられないという層が合格できそうなやさしい学校を選んでいると思われます。

模擬試験における公立中高一貫校の位置づけ

では、次に各校のレベルについて探ってみましょう（前ページの表）。中学入試における３大模試の２０１３年度結果偏差値を手掛かりにします。

△は前年より偏差値が上昇していることを表しています。また、すべて一般枠についてのものです（九段は区外枠）。

各模試が18校すべての結果偏差値をだしているわけではありません。判定するだけの母数がないということです。

位置づけでは、**県立千葉、都立小石川中等教育**が３模試とも高いことは共通していますが、あとは模試によりバラついています。**都立白鷗高校附属**などは日能研では低い方ですが、首都圏模試では極めて高くなっています。このように、模試によりまるっきりちがうことに注意してください。

また、公立中高一貫校は教科別の試験ではない適性検査問題ですから、私立の入試問題を意識して作問されている模擬試験とはストレートには比例しないと考えた方がいいでしょう。偏差値はあくまで参考程度に考えてください。

偏差値以上に、各校によって適性検査問題にも個性があるので、東京のように学校が多数ある場合は、自分がどの学校の適性検査問題ならよくできるかといったことの方が、学校選択の目安にはなるでしょう。

表でおわかりのように、ほとんどの学校が△がついています。つまり、倍率は低下してきていますが、むしろ難度は上昇してきています。２０１４年度はさらに難化することを覚悟して準備してください。

過去と比較してみると

中学入試においては、年々公立中高一貫校の比重が大きくなってきています。そこで今年、**千葉市立稲毛高校附属、さいたま市立浦和**が初めて中高一貫生が卒業したのを受けて、６年前の受検者数、偏差値がどんな状態であったかを調べてみましょう（次ページの表）。

また、中高一貫の卒業生がでている学校については、首都圏の主要大学への合格者数も調べてみました。どんな傾向があるのでしょうか。

6年前と比べ2校だけが受検者数増

全国的な傾向ですが、公立中高一貫校は開校初年度が最も受検者数が多く、その後は漸減傾向をたどることがふつうです。最初は、適性検査というものは、私立中学入試とちがって、塾に長期間通って特別な受験勉強をしなくてすむというイメージがあり、ダメもとで大勢が受検します。そのため10倍を超える倍率になり、そう簡単に受かるものではない、塾の公立中高一貫校コースでトレーニングしなければ受からない、ということがわかってきて、本格的にめざす者以外は受検をためらうようになります。そうし

■桜修館中等教育・白鷗高校附属の受検者数推移

	2006	2007	2008	2009	2010	2011	2012	2013
桜修館	1003	1146	1042	963	928	1030	1025	1410
白鷗	937	1188	1184	1057	1045	1124	1210	1295

■6年前との受検者数、偏差値比較

学校名	07年受検者数	07年結果偏差値	13年受検者数	13年結果偏差値	13年 大学合格実績
■東京					
桜修館中等教育	1146	男 58 女 57	1410	男 61 女 61	東大6、東工大4、一橋大1、国公立計58、早大44、慶大21、上智大18、理科大22
大泉高校附属			1101	男 57 女 57	
小石川中等教育	1332	男 62 女 62	911	男 66 女 65	東大5、東工大3、一橋大3、国公立計76、早大56、慶大33、上智大15、理科大43
立川国際中等教育			862	男 58 女 58	
白鷗高校附属	1188	男 57 女 56	1295	男 62 女 62	東大5、東工大1、一橋大1、国公立計48、早大27、慶大8、上智大6、理科大19
富士高校附属			749	男 59 女 59	
三鷹中等教育			1181	男 58 女 58	
南多摩中等教育			1161	男 58 女 58	
武蔵高校附属			695	男 62 女 62	
両国高校附属	1113	男 59 女 59	942	男 63 女 63	東大5、東工大5、一橋大3、国公立計84、早大47、慶大14、上智大10、理科大40
区立九段中等教育	1034	男 56 女 56	813	男 60 女 59	東大2、東工大3、一橋大2、国公立計44、早大19、慶大18、上智大13、理科大23
■神奈川					
相模原中等教育			1444	男 58 女 58	
平塚中等教育			880	男 54 女 54	
横浜市立南高校附属			1520	男 60 女 61	
■千葉					
県立千葉			1067	男 70 女 70	
千葉市立稲毛高校附属	1622	男 58 女 58	797	男 58 女 59	東大0、東工大0、一橋大0、国公立計38、早大18、慶大8、上智大18、理科大14
■埼玉					
県立伊奈学園	1232	男 女	704	男 56 女 56	東大0、東工大1、一橋大0、早大12、慶大5、上智大5、理科大9
さいたま市立浦和	1993	男 58 女 59	575	男 59 女 59	東大1、東工大1、一橋大1、国公立計112、早大54、慶大17、上智大26、理科大43

＊偏差値は首都圏模試による
＊13年受検者数の欄の赤字は07年より受検者増を示す
＊13年結果偏差値の欄の赤字は07年よりアップを示す
＊受検者数は、男女、特別枠の合計
＊大学合格実績は現・浪合計。国公立計には大学校も含む

たことが受検者数が減ってくる主たる背景です。

が、２００７年に開校していた８校のうち、**桜修館中等教育**と**白鷗高校附属**は６年前と比べても増えています。今年は、前年の都内の公立中高一貫校の大学合格実績が良好だったこともあって、都内の11校中８校が増えていますが（神奈川・千葉・埼玉の７校では、神奈川の**平塚中等教育**以外の６校はみな減少）、極めて例外的なケースですので、この２校について２００６年以降の受検者数を追ってみましょう（４ページ表）。

２校とも２００７年はかなり多かった年で、その後２０１０年まで漸減傾向をたどり、２０１１年から漸増傾向にあることがわかります。都内の各校については、２０１１年以降公立中高一貫校に受検生が戻っている現象が読み取れます。

それにしても今年の桜修館中等教育の激増ぶりはすごいですが、これはひとえに難関大学合格実績が都内11校のなかで最も良好という点に拠るところが大きいでしょう。

その一方、**千葉市立稲毛高校附属、さいたま市立浦和**と**県立伊奈学園、**いった東京以外の各校の減少幅は極めて大きくなっています。**県立伊奈学園**は今年から抽選を廃止するなどの手を打ったので増えると予想していましたが、逆に大幅な減となりました。**横浜市立南高校附属**が開校して関心が広がっている神奈川を除くと、東京以外は公立中高一貫校への熱が冷えてきているような印象があります。

偏差値は軒並みアップ

次に偏差値について６年前と対比してみると、ほとんどが上昇、下降は１校もないという結果でした。どの程度上昇しているか、わかりやすく表にしてみましょう。

男女とも**白鷗高校附属**が最も上昇しています。

■この6年間の偏差値上昇幅

上昇幅	男子	女子
6		都立白鷗
5	都立白鷗	
4	都立小石川 都立両国 区立九段	都立桜修館 都立両国
3	都立桜修館	都立小石川 区立九段
2		
1	市立浦和	市立稲毛
0	市立稲毛	市立浦和

３ポイント、４ポイント上昇に男女とも４校が固まっていて、このくらいの上昇幅が平均値といったところでしょうか。**伊奈学園**の２００７年の偏差値は不明ですが、意外なのは東京以外の公立中高一貫校は上昇していないという点です。受検者数同様偏差値の面でも、都内と千葉・埼玉とでは明暗を分けています。

千葉市立稲毛高校附属、さいたま市立浦和の２校は今年初めて中高一貫１期生が卒業してそこそこ大学合格実績が上昇したので、来年は受検者が増えるかもしれません。受検者が増えないことには偏差値もあがらないでしょう。

大学合格実績はやはり偏差値に比例か

ここでは国立も私立も難関大学の数字だけしか掲載していませんが、それを見るかぎりでは、国立最難関大学は、**両国高校附属、桜修館中等教育、小石川中等教育**の３校が２ケタを記録。難関私立大学４大学は、**小石川中等教育、さいたま市立浦和、両国高校附属、桜修館中等教育**の４校が３ケタを記録しています。

６年前の偏差値と対比してみると、やはり偏差値の高かった**小石川中等教育、両国高校附属**が大学合格実績もいいというあまりおもしろ味のない結果となりました。が、**桜修館中等教育**は偏差値に比してすばらしい実績をあげていますし、初年度は１校だけ期待はずれであった**九段中等教育**が大きく好転しているといったように、今年度は都内のすべての学校の大学合格実績が良好です。

ですからこれらの学校は、２０１４年度入試でも受検者がさらに増えることがじゅうぶん予想されます。

私立の「適性検査型入試」は、どのくらい集まっているのか?

公立中高一貫校を受ける人にとって受験しやすい私立の「適性検査型入試」（公立中高一貫校対応入試、ＰＩＳＡ型入試など名称はさまざま）ですが、実際に各学校にどのくらいの受験生がいたのか調べてみました。

「適性検査型入試」を実施した学校数は、２０１０年度が７校９入試回、２０１１年度は８校11入試回、２０１２年度は15校18入試回でしたから、年々増えていることがわかり

2013年度「適性検査型入試」実施状況

学校名	名称	日程	男	女	合計
宝仙学園理数インター	理数公立一貫型	2/2AM	119	97	216
●日本学園	SS特待適性検査	2/1PM	108		108
○佼成学園女子	2月1日A<PISA>	2/1AM		96	104
	2月1日B<PISA>	2/1PM		8	
○文化学園大学杉並	第1回	2/1AM		73	91
	第3回	2/2AM		18	
●安田学園	先進特待1回	2/1PM	56		56
○東京純心女子	適性検査型	2/1AM		51	51
○共立女子第二	総合選抜	2/1PM		50	50
○東京家政学院	1回午後	2/1PM		＊47	＊47
上野学園	普通S公立対応型	2/1PM	20	25	45
駒込	3回特待S	2/2AM	19	19	38
○藤村女子	適性検査	2/1AM		35	35
聖徳学園	総合Ⅱ類	2/1AM	12	6	18
目黒学院	第1回特別	2/1AM	＊8	＊6	＊14
○東京女子学院	第1回午後	2/1PM		＊10	＊11
	第4回午後	2/6PM		＊1	
明星学園	適性検査型	2/2PM	6	4	10
○文華女子	第2回	2/1PM		6	6
東星学園	2回	2/1PM	2	1	3
○新渡戸文化	適性検査型	2/1AM		1	1
帝京八王子	第1回B	2/1PM	34	9	＊58
	第2回B	2/2PM	1	5	
	第3回B	2/3PM	3	6	
○淑徳ＳＣ	第2回	2/1AM		11	12
	第6回	2/10AM		1	

赤字の学校は2013年度に新規募集
●＝男子校、○＝女子校、無印＝共学校
＊帝京八王子の受験者数は、国語、算数、適性検査の選択者の合計
＊東京家政学院と東京女子学院の受験者数は、2科と適性検査の選択者の合計
＊目黒学院の受験者数は、英語、数学、適性検査の選択者の合計

ます。学校種では、女子校が圧倒的に多くなっています。２０１４年度も**武蔵野東**、**神田女学園**、**トキワ松学園**などが「適性検査型入試」の実施にふみきります。

「適性検査型入試」の日程については、当然のことながら、３日の公立中高一貫校入試前の２月１日と２月２日に集中しています。事前の練習になるということで受験するケースが多いのです。

意外に多い「辞退」

公立中高一貫校は第１志望者が多く、合格したら辞退する人はいないと思われていますが、実際にはかなりの辞退者があります。都立中高一貫校はその数を公表しているので、ここで紹介しておきましょう。

都立中高一貫校は募集人員ピッタリしか合格人員を発表しません。ですから、手続きしなかった人数分を繰りあげることになります。その人数ですが（手続き締切日に手続きしなかった人数、前年↓今年。カッコ内は男女の内訳）、**小石川中等教育**16↓31名（男子7↓20名、女子9↓11名）、**桜修館中等教育**11↓17名（男子4↓9名、女子7↓8名）、**武蔵高校附属**15↓16名（男子5↓9名、女子10↓7名）、**大泉高校附属**12↓12名（男子4↓6名、女子8↓6名）、**三鷹中等教育**9↓10名（男子5↓2名、女子4↓8名）、**白鷗高校附属**6↓10名（男子3↓5名、女子3↓5名）、**富士高校附属**5↓8名（男子3↓3名、女子2↓5名）、**両国高校附属**5↓7名（男子2↓5名、女子3↓2名）、**立川国際中等教育**4↓7名（男子2↓5名、女子2↓2名）、**南多摩中等教育**が最も少なく9↓3名（男子1↓2名、女子8↓1名）となっています（九段中等教育は公表していません）。

10校合計の辞退者数は、前年↓今年で92名↓１２１名（男女計）と3割以上も増加しています。とくに男子は、36名↓66名と前年の１・８倍強に増えています。それだけ私立も受験するケースが増えているということです。

公立中高一貫校の開校予定は？

公立中高一貫校の開校は、２０１４年度は**川崎市立川崎高校附属中学校**が予定されています。

募集人員は男女計１２０名で、通学区域は川崎市内全域です。なお、高校からの募集は普通科は1学級ぶんになります（普通科以外生活科学科、福祉科があります）。

先では、２０１６年度に**千葉県立東葛飾高校**が併設型の中学校を開校することになっています。また、**横須賀市立横須賀総合高校**の中高一貫化が検討されていますが、開校時期は未定です。

2014年度 首都圏公立中高一貫校 入試日程一覧

東京

の部分は未発表（7/8現在）のため昨年度の内容になります。九段中は8月発表予定。

校名	募集区分	募集人員	願書受付		検査日	発表日	手続期限	備考
			開始日	終了日				
都立桜修館中等教育学校	一般	男女各80	1/20	1/21	2/3	2/9	2/10	適性検査・作文
都立大泉高等学校附属中学校	一般	男女各60	1/20	1/21	2/3	2/9	2/10	適性検査Ⅰ・Ⅱ
千代田区立九段中等学校	区分A	男女各40	1/22	1/23	2/3	2/6	2/8	適性検査1・2・3
	区分B	男女各40	1/22	1/23	2/3	2/6	2/8	適性検査1・2・3
都立小石川中等教育学校	特別	男女各80 （含特別5以内）	1/20	1/21	2/1	2/2	2/2	作文・面接
	一般		1/20	1/21	2/3	2/9	2/10	適性検査Ⅰ・Ⅱ・Ⅲ
都立立川国際中等教育学校	海外帰国・在京外国人	30	1/13	1/14	1/25	2/1	2/1	面接・作文
	一般	男女各65	1/20	1/21	2/3	2/9	2/10	適性検査Ⅰ・Ⅱ
都立白鷗高等学校附属中学校	特別	男女各80 （内特別A10程度・特別B6程度）	1/20	1/21	2/1	2/2	2/2	面接（特別Bは実技検査あり）
	一般		1/20	1/21	2/3	2/9	2/10	適性検査Ⅰ・Ⅱ
都立富士高等学校附属中学校	一般	男女各60	1/20	1/21	2/3	2/9	2/10	適性検査Ⅰ・Ⅱ
都立三鷹中等教育学校	一般	男女各80	1/20	1/21	2/3	2/9	2/10	適性検査Ⅰ・Ⅱ
都立南多摩中等教育学校	一般	男女各80	1/20	1/21	2/3	2/9	2/10	適性検査Ⅰ・Ⅱ
都立武蔵高等学校附属中学校	一般	男女各60	1/20	1/21	2/3	2/9	2/10	適性検査Ⅰ・Ⅱ・Ⅲ
都立両国高等学校附属中学校	一般	男女各60	1/20	1/21	2/3	2/9	2/10	適性検査Ⅰ・Ⅱ

神奈川

校名	募集人員	願書受付		検査日	発表日	手続期限	備考
		開始日	終了日				
県立相模原中等教育学校	男女各80	1/8	1/10	2/3	2/10	2/11	適性検査およびグループ活動による検査
県立平塚中等教育学校	男女各80	1/8	1/10	2/3	2/10	2/11	適性検査およびグループ活動による検査
横浜市立南高等学校附属中学校	男女 おおむね各80	1/8	1/10	2/3	2/10	2/11	適性検査Ⅰ・Ⅱ・Ⅲ
川崎市立川崎高等学校附属中学校	男女120	1/8	1/10	2/3	2/10	2/11	作文を含めた適性検査・面接

千葉

校名	募集人員	願書受付		検査日	発表日	手続期限	備考
		開始日	終了日				
千葉市立稲毛高等学校附属中学校	男女各40	12/12	12/13	1/25	1/31	2/4	面接・適性検査Ⅰ・Ⅱ
県立千葉中学校	男女各40	願書等 11/18 報告書・志願理由書等 1/10	願書等 11/20 報告書・志願理由書等 1/14	一次検査 12/7 二次検査 1/25	一次検査 12/19 二次検査 1/31	2/3	一次　適性検査 二次　適性検査・面接

埼玉

の部分は未発表（7/8現在）のため昨年度の内容になります。伊奈学園中は8月発表予定。

校名	募集人員	願書受付		検査日	発表日	手続期限	備考
		開始日	終了日				
県立伊奈学園中学校	80	12/25	12/26	第一次選考 1/13 第二次選考 1/27	第一次選考 1/22 第二次選考 1/31	2/5	第一次選考　作文 第二次選考　面接
さいたま市立浦和中学校	男女各40	12/26	12/27	第一次選抜 1/11 第二次選抜 1/18	第一次選抜 1/16 第二次選抜 1/22	2/4 （予定）	第一次　適性検査Ⅰ・Ⅱ 第二次　適性検査Ⅲ・面接

公立中高一貫校と併願して

お得な私立中学校

森上 展安（森上教育研究所所長）

森上教育研究所所長。1953年、岡山県生まれ。早稲田大学卒業。進学塾経営などを経て、1987年に「森上教育研究所」を設立。「受験」をキーワードに幅広く教養問題をあつかう。近著に『入りやすくてお得な学校』『中学受験図鑑』などがある。

公立中高一貫校のメリット 私立の一貫校では無理なのか

公立中高一貫校は、都立と各県立および市立があります。このうち市立は来春に川崎市立川崎高校の併設中学が加わります。県立では、3県では新規開校はありません。都立も現状どおりです。

新規の川崎中学の人気は不明ですが、やはり高いものになるでしょう。公立一貫校の人気が高くなる理由は、第1に費用の安さ、第2に中高一貫で高校受験がなく、大学進学までの指導があること、第3に、入学準備に私立のようなコストがかからないこと、などがあげられます。

ではこういったメリットは私立の中高一貫校では実現できないものでしょうか。もし私立でも同じことが考えられれば、適性検査で公立一貫校を第1に考えて検査を受け、そうした私立を併願しておくのがよいはずです。というのも、やはり7～10倍と言われる公立一貫校の倍率が問題です。合格できない可能性の方が圧倒的に大きいにもかかわらず、いわばダメもとで親は受検をさせるのです。多くの不合格者の声を聞くと、そこはわかっていたとはいえ、本人の挫折感は強い。「失敗」と受けとめてそれなりにストレスを抱えてしまうのが実情のようです。

私立受験だけの場合には、そこには併願校があります。当然、一定の達成感の供給と、その後のフォローをしやすい併願私立中学があるというわけです。

しかし、公立一貫校は検査日が同じであるため併願校は設定できないものと考えがちで、受検生の8割にとって、受検が失敗に終わり「失敗経験を積ませただけ」という結果が現実になりかねない。

しかし、公立一貫校にチャレンジしてダメだったが、それに代わる私立一貫校に進学できた、ということになれば受け皿があり努力させがいもあるものになります。

そんな条件を満たす 私立の一貫校は存在するのか

さてそんな私立中学の入試は、どこにあるでしょうか。

いくつかその条件を考えていきましょう。

まず、絶対条件は、私立の「適性検査型入試」には公立とちがう私立のよさとして合格基準があらかじめわかる、ということがメリットです。

公立の適性検査では本来は一定基準以上が合格できるはずですから、そこは明示すべきはずですが、解答がひとつでないことと記述式という出題形式のためか、合格基準がはっきりしません。

しかし、適性検査型とかＰＩＳＡ型とかという各科の私立入試の場合はこの点が明確です。事前に過去問をやってどのくらい得点すれば合格できるかが明確です。

出題レベルは、公立一貫校に合わせますから、その多くは基礎基本です。私立の一般入試に比べ、準備や対策が大幅に少なくてすみ、公立一貫校よりは、なにを準備すべきか、対策すべきか明示的です。つまり、併願私立校入試のための勉強はほとんど不要なのです。むしろ6年間の小学校での学習の総まとめ、中学校での学習の準備としての位置づけになります。

つぎの条件は、入ってからの費用がどれだけかかるか。私立は公立より高いので、さすがにこればかりは条件にならない、とお考えでしょう。確かにそれは事実です。

しかし、ここにもそうとばかりはいえないケースがあります。すなわち、公立一貫校に合格できる、しかも上位で合格できるような受検生であれば、私立適性検査型入試でも高得点が期待でき、私立中学で特別奨学金がでて、高い私立の授業料が帳消しになることが相当数の学校で用意されています。

これはそういった待遇の生徒の選抜試験も兼ねる、とうたっている入試であれば、とくにそれを申請しなくても高得点を取れば自動的に指名されます。

しかし、それはごく一部の生徒であり、大多数は月2～5万の私立の授業料の負担があるはずです。この公立との差額はいわば私立であるがゆえに父母が負担している個人の能力、個性伸長をはかる費用と考えればよいと思います。

したがって公立一貫校にはない、その私立ならではの教育プログラムの価値で判断するといいですね。月々の負担額は家計に無理のない範囲で考えればよく、要は習い事の費用や、将来を考えた教育投資の費用として妥当かどうか。

もともと、教育プログラムは公立一貫校と私立一貫校ではボリュームがちがいます。いちばんのちがいはアフタースクール（放課後）の対応ですが、正課の時間数でもちがいがあります。公立一貫校での費用対効果と、私立の費用対効果はこうして同列には論じにくいのです。公立校なら個人で支出する習い事や将来への教育投資は自らカバーする必要があります。それを私立の場合は学校負担でコストをあまりかけずに実現してくれる点をどう評価するか、ですね。

いくつかの私立では海外大学に進学できるようにしたり、変わったところでは、高校受験の準備教育をしてくれたり、とユニークなサービスを用意しています。

最後に最も大切な条件について検討してみましょう。それは、入学してから勉学がついていけるのか、ということです。他の生徒は一般の選抜試験をして合格したのですが、適性検査ではそこまでの学力を問われませんでした。

その意味で入学後にうまくカリキュラムについていけるのか心配もありますし、反対に入試レベルが入りやすい場合に、地頭がよくて学校の指導が生ぬるく浮きこぼれ、やる気を失わないか、という心配をされる保護者もいます。

今回学校に追跡してもらった結果、実際は進学した学校の高校のコースやクラスでリーダーとなっているケースが少なからずありました。

これは、私立の適性検査型入試が人材選抜という点で成功している一面の証左でもあります。

学習についていけるのかは実際には無用の心配らしい

じつは公立一貫校の場合、適性検査であるがために入学後の学力にバラつきがあり、多くの場合、学力基準では入学試験の合否を緩やかにしか決めていないので、学習効率という点からはあまりよくありません。

これに対して、私立は一定の学力でしか合格をだしていないので、生徒に合わせた授業が組めます。その意味では適性検査型入試にしても得点分布は、選抜型に近づけた出題ですから、生徒の学力に指導上大きな問題はないのです。

たとえば佼成学園女子ではＰＩＳＡ型入試で入学した生徒が留学クラスやメディカルクラスでトップをとり、リーダーをしているとのお話を聞きました。つまりこのＰＩＳＡ型入試は、まさに適性のある生徒をとれていることになります。

国立・私立中学入試の場合、成績として判断評価されるのはやはり算数の処理、とりわけ文章題が中心です。国語は長文読解、理科、社会は中学内容とあまりちがいはありません。それだけ精神的に成長していなければ、こうした出題に正解はなかなかとりにくいものです。

しかし、小学生の時点でそこまで精神的に早く成長しきれない児童も少なくありません。潜在的に成長する余地を多く残す小学生をどうやって選抜するか、という点で、公立一貫校や、私立の適性検査型入試は、一定の機能を果たしつつあるように思います。

いってみればスタートの遅い受験生にとっての「もうひとつの入口」がこうした適性検査だ、ということになりつつあるのではないでしょうか。

変わる大学入試にも適応できる力をつける入試

それでも、最後には大学入試があります。それは相対評価の選抜入試ですから、やはり大学入試までには競争型入試に勝ち残るだけの学力をつけさせなくては、と読者、保護者のみな様は思われるのではないでしょうか。

しかし、それはあと5年をめどにして大学入試センター試験（競争型、相対評価テスト）が廃止され、これに代わるものとして到達度確認テスト（基準準拠の適性検査型）に変えよう、ということが先日の政府の教育再生会議で方針が決められました。

他の人より1点でも多くないとパスできない、という従来の入試のあり方とは異なり、評価の仕方として一定の基準を満たせばよい、ということになるのです。

これは簡単に言えば、欧米型への切り替えで、大学入試基準もまた世界標準のものとの互換性があるものになるでしょう。

もっと言うと、適性検査型入試というのは解答がひとつでなく、かつ記述式だ、という形式にみられるように、自ら課題を発見して解決する能力の育成を主眼としています。

この考え方からいうと目下の中学入試のような、知っているか知らないかで処理する問題とは全く趣旨がちがってきます。現状はあらかじめ決められた解答に向けて、問題が設計されているために、問題と解答がセットとなり、手順として記憶されているか、が評価です。

これはかつての「情報社会」であったころの教育方法で、知っているか知らないかということで価値が左右されたわけです。

いまは、そこはコンピューターの方がすぐれていて、むしろ人間は正確な知識をもってこれをいかに応用し問題解決をするか、という「知識基盤社会」に生きています。そこでの基本は正確な知識で、問題解決に応用できる幅の広さと知見の深さが求められます。

よく知識の断片などという言い方がありますが、ブツ切りのように暗記だけした知識では応用などできず、問題解決にしても定型の問題しか解けないことになります。

中学入試を受験することは じつは「学び方」を選ぶこと

その意味でそのような学び方で学び、そのような問題解決の応用力をつける教育が大切ですが、テストにしても従来のテストをやっていては、その能力をじゅうぶんはかれないことになります。したがって中学入試準備でこうした適性検査型のテストを受検することは、すなわち日ごろからそうした学び方をしていることが大切です。ただし、これまではともかく、せめて中高6カ年はその学び方で学ぶことで新しい大学入試にも添うことができます。

つまり、私立の適性検査型入試は、公立一貫校併願の受検としても最適ですが、なにより、こうしたこれからの学習にとって大切な方向を身につけるテスト、といってよいでしょう。

いくつかの適性検査型入試が、海外大学の進学につながるようにと考えているのは、こうした学び方の方向性が先進国に共通しているからでもあります。

また、総合形式で教科別になっていないのも、問題がどういう問題なのかあらゆる知識を動員して問題解決にあたることが当たり前だからです。そういう統合する知力が問われてもいるのです。

ところがこうした学び方のトレーニングをかならずしも学校や塾で受けている、とは言いがたいのが実状です。したがって公立一貫校そのものの検査に際しても、やはり慣れていないために問題が求めていることにじゅうぶんな対応をするのはむずかしいものです。私立の適性検査型入試は、その意味ではトレーニングとして利用するにはピッタリですから、併願校としての受験もさることながら、教育トレーニングのつもりで受検されることもおすすめします。もちろん、過去の公立適性検査問題は、公共機関のHPから入手できますから、これも忘れずに。

さて先日、外国籍で日本の学校教育を受けているかたのご質問をうけました。聞けば公立一貫校受検を考えている、とのこと。確かにたとえば都立国際高校などは外国籍のある日本在住の子女が多いので有名ですが、同じようなニーズが公立一貫校に発生していることがわかったというわけです。

つまりそれは、彼らがそこに教育の多様性が認められる、と理解してもいるのでしょう。日本の教育、とりわけ公立校は多様化に大きく舵をきっているのかどうかわかりませんが、公教育がその方向にあるのは事実です。この多様性の有無こそほんとうのユニークネスをわが子にもたらすキーになります。

その意味では適性検査をキーワードにして多様性の教育をどこに行けば保障されるのか、そういう視点を持つ意味は大きいと思います。

藤村女子中学校

適性検査入試で注目の的

80周年をむかえた藤村女子中学校。建学の精神に基づいた女子教育を行いながらも、さまざまな新しい試みにチャレンジしている学校です。新たに「適性検査入試」を導入して注目を集めました。その藤村女子の「適性検査入試」とはどのようなものなのでしょうか。

「知・徳・体」調和のとれた女性を育成

藤村女子の創立者、藤村トヨ先生は女子教育・女子体育教育の草分け的な存在として知られており、開校にあたり、建学の理念を「女子の心身の育成と徹底した徳性の涵養」におきました。その精神は引き継がれ、知識ばかりに偏らず、健康的な心身の発達と個性の伸長を重視し、社会で必要な日本女性の育成を目指して「知・徳・体」調和のとれた全人教育が実践されています。

授業は1日50分6時間で行われ、週6日制です。中学期においては、基礎学力修得期として、とくに数学や英語の基礎教科で習熟度別授業を実施、学力発展講座、八ヶ岳勉強合宿などが用意されています。また、個々に配慮した補習も行われるなど、生徒一人ひとりにあったきめ細かい指導で、基礎学力の定着に力が注がれています。

高校には「総合コース」と「スポーツ科学コース」の2コースがあります。「総合コース」には国公立大や難関私立大学をめざす特進クラスも設置されています。特進クラスでは、特別講座などを用意、さらに学力を伸ばす工夫がされています。

また、学習するうえで、欠かせない存在なのが学習センターです。専任の先生が常駐し、東大生のチューターといっしょに、放課後、生徒の勉強をみます。中学生のうちは、学習習慣が身につき、高校からは、自分の進度に合わせた学習を行うことができます。学習センターでの「学び」は授業に直結しており、とくに理解度の定着に効果が発揮されています。

部活動で思う存分に身体を動かし、部活動のない日には、学習センターで集中して勉強をします。このサイクルができたことにより、実力が大幅に伸びた生徒もいます。こうした教育が身を結び、このところ、早大、上智大、国際基督教大をはじめ、MARCHなど難関私立大への進学者が増えています。

建学の精神を大切にしながらも、現代に合わせた教育を実践するために、つねに新しいことにチャレンジしている藤村女子。その次なる試みとして、昨年度入試から「適性検査入試」を始めました。公立中高一貫校と同じような「適性検査」での入試で、2月1日午前に行われます。

この適性検査入試について、坂田敬一校長先生にお話をうかがいました。

都立だけではもったいない その実力を伸ばしたい

――適性検査入試を実施してみていかがだったでしょうか。

中学総合学習（日本文化体験・茶道）

坂田先生「おかげさまで注目を集め、多くのかたに受験していただきました。入学につながったかたは少なかったのですが、この入試で入学された生徒さんがとても優秀なので驚くとともに喜んでいます。また、その後に寄せられた反響として、都立中学受験に役立ちとてもよかったというかたが多く、ひとつの使命は果たせたと思っています」

――適性検査入試を実施しようと思われたきっかけを教えてください。

坂田先生「都立の中高一貫校だけ受験して落ちてしまった子どもがそのまま公立中学校に進み、高校受験をするのはもったいないと思うのです。そのようなかたたちの、本校は新しい受け皿になれると思ったのです。適性検査は学力だけで推し量れない、よい部分を見つける入試でもあります。今年、都立の中高一貫校がダメだったけれども、有望な人材はたしかにいました。伸びる可能性を持った子どもを本校でより伸ばしていってあげたいのです」

――学力検査ではない、適性検査型の問題を作成するのは先生がたも大変でしょう。

坂田先生「問題作成に時間がかかるため早めにスタートしています。融合問題ですので、算数は算数の先生だけがやっていればよいということにはなりません。そのため、ひとつのテーマを決めて、各教科の先生たちが問題を持ち寄るというかたちをとっています。たとえば、「エコ」をテーマにさまざまな教科の角度から問う出題もありました。問題がカラー印刷で「わかりやすかった」というご評価もいただいています。問題作成については、都立中高一貫校と同じ観点になるので、大事なのはその試験でどんな力を見るのかということです。

藤村女子としては、小学6年生までの学力がきちんとついているのかどうかに加えて、子ども独自の観点を探りたいと考えています」

――受験されるご家庭について、都立の中高一貫校を第一志望とされているかたが多いと思うのですが、藤村女子のアピール部分をお話ください。

坂田先生「公立の中高一貫校と私どものような私立中学とは教育方針が大きくちがいます。私どもでは長年培った6年一貫教育で、ていねいに子どもたちを育てていきます。より勉強したいという生徒にとっては、高校になれば特進クラスもあります。

比較するわけではありませんが、大きくちがうのは土曜日にも毎週授業があるということです。主要3教科の授業時数はかなり多く、とくに英語の時間は多くなっています。

また、アドバンス講座という講座を設けています。通常の授業以上にもっと勉強したいという生徒のための講座です。学習において手厚いサポート体制が整っています。

本校は部活動がとてもさかんですので都立の中高一貫校よりも部活動ができるというメリットもあります。運動会や文化祭などの行事も多く、楽しくチームワークを組んで、みんなで向上できるよさがあります」

坂田敬一 校長先生

――適性検査入試はいつ、どのようなかたちで行われるのでしょうか。

坂田先生「2月1日午前、いわゆる都立中高一貫校の適性検査と同じような問題で、ⅠとⅡがあります。それぞれ各45分で、100点満点です。Ⅰは算数や理科、社会を取り入れた複合問題で、Ⅱは国語の問題になる予定です。適性検査入試のみ受験料は6000円となっています。

また、この入試ではプレミアム判定を行います」

――プレミアム判定とはどういったものなのでしょうか？

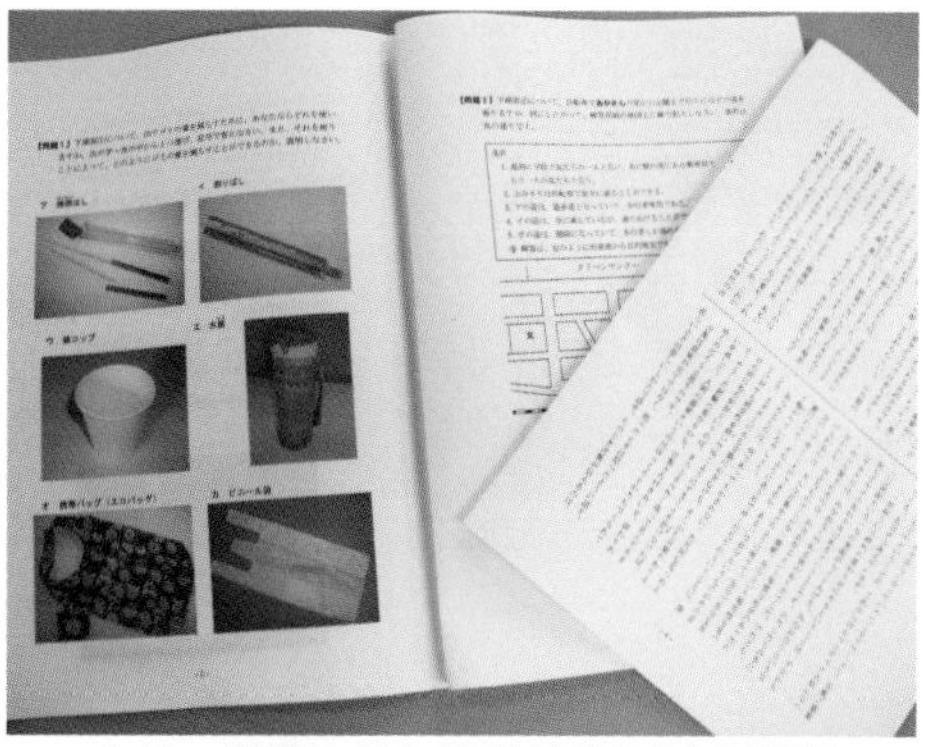

カラー印刷された適性検査入試の問題

坂田先生「成績がよければ年間の授業料相当の奨学金をだすというもので、プレミアムAなら年間授業料相当の奨学金、プレミアムBなら年間授業料半額相当、プレミアムCなら10万円の奨学金（入学時のみ）となっています。2科の受験生からも選ばれます」

――では、受験を考えているかたに向けてメッセージをお願いします。

坂田先生「適性検査入試で、いままでとはちがったすばらしい力を持ったお嬢さんが入学されており、非常に大きな期待を持っています。そうしたお嬢さんが、藤村女子が今後さらに伸びていく力にもなるだろうと信じております。勉強も部活も、行事も非常にさかんで、お嬢さんが成長できる機会を学校は用意しております。

ぜひ、自信を持って、受験して、藤村に入っていただきたいと考えています」

森上's eye

建学の精神をいかしつつ つねに新しいことへ挑戦

藤村女子は、勉強だけでなく部活動や行事が非常にさかんな学校です。そして新しいことにどんどんチャレンジしていく活気を持っています。今回も「適性検査入試」を導入するなど、これまでの80年の伝統をいかしつつも、つねに新しいことに挑戦しつづけている学校です。

School Data 藤村女子中学校

所在地 東京都武蔵野市吉祥寺本町2-16-3
TEL 0422-22-1266
URL http://www.fujimura.ac.jp/
アクセス JR線・京王井の頭線・地下鉄東西線「吉祥寺」徒歩5分

学校説明会
10月20日(日) 11:00～
12月 7 日(土) 14:00～

施設見学会
8 月24日(土) 9 :00～

文化祭
9 月21日(土)・22日(日) 9:00～16:00

演技発表会
10月16日(水) 14:00～16:00

体験学習会
10月20日(日) 8 :30～10:30

予想問題解説会
11月17日(日)
藤村予想問題解説会 8 :30～10:30
適性検査入試解説会 13:00～14:30

個別相談会
1 月 5 日(日) 9 :00～13:00

日本文華学園 文華女子中学校

社会で愛される女性、社会で役立つ女性の育成

大正五年に、女性の社会での自立を目的に設立され、女子教育一筋の学園が育てているのが二十一世紀の国際社会に「生きる力」です。六年間の少人数指導で、必ずあなたの未来が輝きます。

輝く自分を演出できる「自信」と「エネルギー」

中学から書道部と課外筝曲部に所属、伝統文化に精通した生徒が選んだ進路は、「異文化コミュニケーション学部」。母国の文化の良さを多くの国々に伝えたい。他国の文化の良さも学びたい。だから語学力を身に付け、異文化を学びたい。彼女は第一志望の立教大学合格。中3から描いた将来の夢を実現できたのは、彼女の自信と努力。中学入学時には引っ込み思案だった生徒が、少人数クラスで様々な経験を積む中で自信をつけ、努力の意味を知り、自らの力で勝ちえた輝く自分。文華女子での六年間の教育が華開く瞬間です。

「豊かな心」の教育

相手の心を理解できる心の豊かさが、社会で活躍できる基礎力になります。文華女子では、全国に類のない「家庭教育寮宿泊体験合宿」、中学三年間の「礼法」授業を通し、和の心を学び、思いやりの心を身に付けます。日本の伝統的価値観を理解することが、国際人の一歩につながるのです。

「コミュニケーション能力」の育成

母国の文化を理解して、次に続くステップが他国の異なる文化への興味関心です。国際社会で通用する語学力を身に付けるために、文華女子中学校では毎年ブリティッシュヒルズ研修を行い、校内で受験できる英検指導も万全の態勢で、中学時代に準2級合格が基本です。

充実の「特待認定制度」

頑張る生徒への応援制度として、入学時には入試の成績により3段階の特待認定を定めています。入試合計点80％以上で一年間の学費全額免除。75％以上で入学金・施設費免除。70％以上で入学金が免除されます。

さらに、中2以降の在学生には、前年度の成績優秀者一割が奨学生として認定され、学費が半額免除になります。

「伸びる力」を診る適性試験

文華女子の適性検査試験は知識を問う問題ではありません。これから伸びる力、すなわち、好奇心・最後まであきらめない粘り・自分を素直に表現できる感受性を試験します。

文華女子で伸ばす、伸ばしたい生徒を募集しています。

森上's eye

いつまでも熱く広がる友情
心豊かな女性を育む教育

文華女子は、少人数の良さを活かし、授業に部活に、また、さまざまな行事にみんながかかわり推し進めていく学校です。それだけに仲がよく、大学受験に向かっても教員と生徒が一丸となって向かっていきます。中高時代に培った友情が連綿とつづく、そんな生徒と人生を育む学校です。

School Data 文華女子中学校

所在地 東京都西東京市西原町4-5-85
TEL 042-463-2903
URL http://www.bunkagakuen.ac.jp
アクセス 西武新宿線田無駅から西武バス7分 文華女子中学高等学校前下車、西武池袋線ひばりヶ丘駅から西武バス15分 文華女子中学高等学校前下車、JR中央線武蔵境駅から西武バス24分 文華女子中学高等学校前下車

学校説明会
10月26日(土) 13:30～
12月 7 日(土) 10:00～

入試問題解説会
11月 9 日（土）13:30～ 「解説と対策」
11月24日（日）10:00～ 「入試体験」

体験学習
8 月10日(土) 10:00～ 「部活動体験」
12月14日(土) 13:00～ 「親子で手作り講習」

適性検査入試
2 月 1 日（土）9:00～（8:30集合）
適性試験Ⅰ・Ⅱ（各50分・各100点）特待生制度あり
願書受付　1月20日～2月1日（土・日含む）
入学手続き　2月9日（日）16:00まで

首都圏最大
東京の全私立小学校・中学校・高等学校が参加
全校参加はココだけ!
東京都私立学校展
進学相談会
2013
8/17(土)18(日)
入場無料／予約不要
10:00am～4:00pm
入場は3:30pmまで
有楽町東京国際フォーラム 展示ホール
昨年来場者数 57,100名(2日間延べ人数)
両日とも先着12,000組様に
オリジナルエコバッグをプレゼント!!
東京の私立中学校・高等学校 422校の進学相談 ほか
中学校・高等学校お問い合せ
東京私立中学高等学校協会TEL.03-3263-0543
東京の私立小学校 54校のパネル展示・進学相談 ほか
小学校お問い合せ
東京私立初等学校協会 TEL.03-3261-2934
学び体験フェア
「マナビゲート2013」同時開催!
「学び」のおもしろさ新発見!
昨年実績 18大学・団体参加
【主催】NPO法人学びの支援コンソーシアム
http://www.manabigate.com/
秋の予告
2013東京私立中学・高等学校
池袋進学相談会 10/20(日)
池袋サンシャインシティ 文化会館2F 展示ホールD
東京私学ドットコム 検索
東京私学ドットコム
主催：一般財団法人東京私立中学高等学校協会、東京私立初等学校協会、公益財団法人東京都私学財団

佼《こう》成《せい》学《がく》園《えん》女《じょ》子《し》中学校

PISA型入試の先駆者

京王線「千歳烏山駅」から徒歩5分、閑静な住宅街の一角に佼成学園女子中学校（以下、佼成女子）はあります。近年、英語教育に力を入れることで難関大学への合格実績を飛躍的に伸ばし、注目を集めています。

お得な学校という評価

「英語の佼成」で進学実績伸長……

佼成女子では、中学の英語で習熟度別少人数授業を行っています。また、英語を楽しく学ぶために、ネイティブの先生による、きめ細かなコミュニケーション（英語漬け）授業や美術・音楽のイマージョン授業、全校あげての「英検まつり」やイングリッシュサマーキャンプを実施。3年生ではニュージーランドへの修学旅行も行われます。さらに来年度入学生からは修学旅行につづいて3ヶ月留学するプログラムも始動します。

数学は先取りせず、体系的にじっくり学んでいます。授業では、宿題チェック表などの活用で家庭学習習慣をどんどんつけていきます。追試験を合格するまで実施しているのも特徴のひとつです。

高校では、ネイティブの先生によるすべて英語だけの授業もあれば、特進留学コースでは「クラスまるごと現地校に分散しての1年間留学」を実施するなど、いまでは「英語の佼成」と呼ばれるような英語教育のメソッドをつくり上げました。

さらに中学受験に「英語入試」を取り入れるなど、佼成女子は、まさに女子校の学校改革で先端を走っている学校とも言えるのです。

中学受験時の入り口の偏差値で言えば「入りやすい」のに、出口の進学実績の伸長や英検1級合格が複数出るなど、目を見張らせるものがあり、「入ったら伸ばしてくれるお得な学校」と呼ばれる学校、それが佼成女子です。

「PISA型入試」

世の中に先駆けて実施……………

また、佼成女子の入試改革のひとつに、世の中に先駆けて「PISA型入試」という名称の入試を採用したことがあげられます。

これは中学入試をあつかう週刊誌やテレビで毎月のように特集される思い切った入試形態でもあります。

「PISA型入試」とは、簡単に言えば、都立の中高一貫校で実施されている「適性検査」と同じタイプの問題で合否を決める入試のことです。

「国際学力調査の結果、日本の学力が低下しているようだ」というニュースを覚えておられるでしょう。この「国際学力調査」が、「PISA（Programme for International Student Assessment）」で、いわば、「学力の国際評価基準」、あるいは「学力調査のグローバルスタンダード（世界標準）」とも言えます。

従来の学力調査と大きく違うのは、「実生活で直面するさまざまな課題に、知識や技能をどう活用できるか」を評価する点です。

つまり、「学校学習での教科の理解度や定着度」ではなく、「将来、社会生活のなかで発揮できる力をどの程度身につけているか」をみる試験なのです。

このPISAのシステムに基づいてつくられているのが、佼成女子の「PISA型入試」です。

出題形式も、「国語・算数・理科・社会」というような科目別ではなく、「適性検査Ⅰ」「適性検査Ⅱ」という名称です。

ただ、佼成女子では、適性検査Ⅰ（社会理科算数の複合）、適性検査Ⅱ（500字の作文がメイン）のほかに、基礎算数・基礎国語（合わせて40分）も実施して、都立の中高一貫校の入試では見極めきれない子どもたちの学力も見ていくところにキメの細かさを感じます。

都立中高一貫校を目指している受験生にとっては、同じ勉強が役に立つわけですから、非常にありがたい入試とも言えます。試験日は2月1日で、都立中高一貫校の試験日に先だって行われますから、併願受験としてだけでなく、試し受験としても大いに利用できる入試というわけです。

江川教頭先生に聞く

「PISA型入試」はここがポイント…

ここで、際だつ佼成女子の入試改革を先導してきた江川昭夫教頭先生に、特に「PISA型入試」について聞いてみました。

――なぜ「PISA型入試」を導入するに至ったのですか。

江川先生「国際学力調査であるPISAは、いまや学力調査のグローバルスタンダード（世界標準）となっています。すでに国際化教育では先へ先へと進んでいた佼成女子にとって、このPISAの理念を活かした入試は〝最適〟と考えたのです。また、新学習指導要領では、基礎・基本の習得や活用能力の育成などが盛り込まれました。これはまさに、PISAを意識した方向付けですから、私たちの考えの追い風ともなるものでした」

――佼成女子の「PISA型入試」の内容は、都立中高一貫校の出題とよく似ていますね。

江川先生「実は、都立中高一貫校の適性検査Ⅰ、Ⅱという選抜方法は、PISAを強く意識したつくりになっていますから、本校のPISA型入試と似た内容となるのは当然なのです。ですから、受験生は、本校のこの入試問題に歩調を合わせることで、都立の中高一貫校の適性検査への対応がしやすくなります」

――従来と同じ形式の入試も実施しているのですね。

江川先生「佼成女子では、PISA型入試を行っていますが、これまでと同じスタイルの入試も実施しています。つまり、受験生が自分に合った入試を選べるようになっているのです」

――なぜ、いろいろな種類の入試を用意しているのですか。

江川先生「同じタイプの生徒が集まるよりも、さまざまな能力を持った生徒が学校にいた方がお互いを高めあうことができるのではないかと考えているからです。

1教科に秀でている生徒もいれば、応用力がある生徒、総合力がある生徒など、それぞれ違ったタイプの能力が集まり、相乗効果ともいうべき刺激を互いに与えあうことで、真の学力を身につけることができます。それが学校として最適の環境だと信じているからです。ですから、本校のPISA型入試では、適性検査だけではなく、〝基礎算数・基礎国語〟という試験も行い、さらに受験生の力を見定めようと努力しているのです」

江川昭夫 教頭先生

――「PISA型入試」はその問題をつくる作業も大変でしょう。

江川先生「そうなんです。いろいろな教科の要素が入り込んできますので、多くの先生がたの協力を得て、普通の入試科目なら3カ月で作問できるものが、PISA型入試では8カ月はかかってしまいます」

――よく考えられた理科の問題や図形問題、そして読解力も問われる、実によくできた出題もありましたね。

江川先生「発想の転換や、問題解決能力、そして自分の考えを簡潔に文章にして人にわかるように説明する力などが必要になってきます」

――これから佼成女子を目指そうという受験生、また同じような入試形態の都立中高一貫校を目指している受験生にメッセージをお願いします。

江川先生「本校のPISA型入試は、公立中高一貫校対応型となっておりますが、私立の独自性を担保するために基礎算数・基礎国語も受験していただく点も特長です。

佼成女子はこのPISA型入試のフロントランナーとして、さらに研究を重ねてまいります。PISA型入試や公立中高一貫校入試にご興味のある受験生は、ぜひ佼成学園女子中学校の受験もご検討ください」

森上's eye

見逃せない 難関大学合格実績の伸び

佼成女子は近隣の都立中高一貫校が旗揚げする前から「PISA型入試」を立ち上げ、そのニーズに応えようとしてきました。その努力の成果はこの入試での受験生が増え続けるという形で表れました。もちろん、その背景に、目を見張るような勢いの難関大学合格実績の伸びがあることは見逃せません。

School Data 佼成学園女子中学校

所在地 東京都世田谷区給田2-1-1
TEL 03-3300-2351
URL http://www.girls.kosei.ac.jp/
アクセス 京王線「千歳烏山」徒歩6分、小田急線「千歳船橋」バス15分、「成城学園前」バスにて「千歳烏山駅」まで20分

学校説明会
10月12日（土）14：00～
11月17日（日）14：00～
12月14日（土）10：00～
1月11日（土）14：00～

乙女祭
9月21日（土）13：00～
9月22日（日）10：00～

オープンスクール
8月31日（土）14：00～

PISA型入試問題学習会
12月7日（土）14：00～

出願直前個別相談会
1月18日（土）10：00～

修徳中学校

君の熱意を必ず未来につなげます

「文武一体」を目標に、知力と体力を兼ね備えた生徒を育て、社会に送りだしてきた修徳中学校。6年目を迎えた「特進クラス」、進化する「プログレス」学習プログラムなど、特色のある教育が注目を集めています。

6年目を迎えた『特進クラス』

現在、修徳中学校には、ふたつのクラスが設置されています。

ひとつは、基礎学力の定着を重視して、じっくりと学力を伸ばしながら、一般入試、AO入試または指定校推薦などで大学進学をめざす「普通クラス」。

そして、もうひとつが、徹底した基礎学力の定着に加えて、発展的な学習を取り入れることでさらなる学力の向上をはかり、難関大学の合格をめざす『特進クラス』です。

その『特進クラス』は、スタートしたときの中学1年生が、今年度高校3年生となり、6学年すべて揃いました。来春卒業する高校3年第1期生は、着実に学力の向上が現れており、出口における成果が大変期待されています。

また、修徳といえば、全国大会に出場するクラブがいくつもあることでも有名ですが、特進クラスの生徒もその例外ではありません。

「本校では、特進クラスの生徒もクラブ活動に一生懸命取り組んでいます。実際、特進クラスの生徒にレギュラーが多かったり、キャプテンがいたりするクラブもあります」と、小笠原健晴入試渉外部部長が話されるように、「文武一体」となって、ひとつの高いレベルで日々の学校生活に取り組んでいます。

新校舎外観

そして、次にご説明するユニークな学習サポートシステムも修徳の魅力の一つです。

進化する『プログレスセンター』

修徳中学校が行っている「プログレス」とは、授業での集中力や家庭学習を習慣づけるための学習システムです。

一週間の授業のまとめテスト（Out Put Test）を、家庭での学習材料として週末に配布します。そして、翌週の放課後にそのアウトプットテストの範囲について、全員参加型の集中ミニテスト（放課後プログレス）を毎日行います。その結果、もう少し学習が必要だと思われる生徒には、学力向上期待者講習を行い、理解するまでプログレス担当教員が個別に丁寧に指導します。この1クールを繰り返し行うことで、基礎学力と学習習慣の定着を図ります。

さらに、２０１４年夏の完成をめざし、3階建ての『プログレスセンター』が学校内に建設される予定です。この『プログレスセンター』には、教員が常駐し、図書館やPCルームが完備される予定で、授業終了後やクラブ活動終了後の個別学習および集合学習を、進路指導も含めて大学受験までサポートして行きます。

家庭と学校を結ぶ『毎日ノート』

修徳オリジナルの「毎日ノート」は、生徒自身が、起床から就寝までの1日の行動・授業内容、家庭学習内容、勉強以外の様々な悩みや相談などの記録をつけ、日々自分がどのように過ごしたかを記録するものです。それにより、生徒は勉強の習慣を意識付けできるようになり、教員は生徒の隠れた能力を見出し、それを伸ばしていくことができます。

また、「毎日ノート」には保護者からの教員へのメッセージ、教員から生徒・保護者へのメッセージを書き込む欄があります。教員は、担任と副担任が必ずクラス全員の「毎日ノート」に目を通すことになっており、生徒の心の変化などを見逃さないようにしています。

これにより、家庭と学校との結びつきを強めることができ、お互いに協力しあいながら、きめ細かに生徒の成長をサポートしていくことができます。この『毎日ノート』導入以来、学校と家庭との情報の共有がスムーズになり、保護者からも大変有意義のあるツールだと好評です。

英検対策講座（英検まつり）

修徳中学校では、年3回の英検を学校内で受験することができます。この絶好の機会を利用して、全校生徒が自分の学力に応じた目標級を設定し、自ら努力することで小さな合格（成功）体験を積んでゆくことをサポートしています。それが「英検まつり」と称する長期的な合格サポートです。

その中でユニークな取り組みの一つが、夏・冬・春休みの始まる前に学内で行われる「3日間英語漬け講座」です。生徒は、海外生活と同じように3日間英語のみの生活を送り、英語に対する学習意欲を高めます。そして、その後の長期休暇を利用してさらに学習を重ね、自分の力で英検合格をめざします。

また、英検までの間、校内の廊下や階段の踊り場に、英検に役立つミニ知識をチェックする『関所』を設けたり、英語教員（英検マスター）が作成した個性豊かな「英検まつりポスター」を校内または自宅の部屋など、いたる所に掲示し、英検受験に対するモチベーションを高めて行きます。

このような取り組みを通して、英語に対する苦手意識をなくし、自ら楽しく学ぶこと、そして資格取得という自信を持つことで、自らのコンピテンシー体験を積んで欲しいと考えています。

プログレスセンター完成予想図

修徳のもうひとつの魅力

修徳のもう一つの魅力が「修徳プログラム」です。

自分を律し、主体性を身につけるための自律・自立の授業を人間形成の根本に置き、独自のネイチャープログラムやキャリア教育と融合させながら、総合的に人間力を高めていくプログラムです。

そのなかでも、「ネイチャープログラム」は大変ユニークな取り組みとして有名です。これは自然に触れることを通じて、科学・経済・歴史・環境などを学ぶプログラムで、授業・学校行事・クラブ活動など、様々な機会で取り入れられています。

また、小学生対象に行われる、体験型理科実験の「ネイチャープログラム体験」は、毎年、定員を上回る申込みがあり、大変人気を集めています。

今年度は、「化石発掘体験」「封入標本制作」「オオクワガタの飼育体験」「火起こし体験」「電気を作ろう！」「鉄道ジオラマ制作体験」などバラエティ豊かな体験が行われています。楽しく参加できる体験型イベントです。ぜひ一度、ご家族ご一緒に体験してみてはいかがでしょうか。

ネイチャープログラム体験

森上's eye

勉強にもクラブ活動にも打ち込める環境がある

クラブ活動がさかんなイメージですが、特進クラスの設置や「プログレス」のスタートなど、学習面での進境がめだちます。

公立中学校のように、勉強もクラブ活動も学校生活もがんばりたい、という生徒にピッタリの学校ではないでしょうか。

School Data 修徳中学校

所在地 東京都葛飾区青戸8-10-1
TEL 03-3601-0116
URL http://www.shutoku.ac.jp/
アクセス 地下鉄千代田線・JR常磐線「亀有」徒歩12分、京成線「青砥」徒歩17分

学校説明会（予約不要）
10月19日（土）　11月９日（土）
12月７日（土）　12月14日（土）
１月11日（土）
各回とも14：00～
※各回とも入試個別相談コーナーあり

オープンスクール（予約制）
８月23日(金)
（クラブ体験またはネイチャープログラム体験）

ネイチャープログラム体験（予約制）
７月27日（土）　９月14日（土）
９月21日（土）　10月５日（土）
10月12日（土）
各回とも14：00～16：00
〔体験内容〕※選択制
「封入標本制作」「化石発掘体験」
「火起こし体験」「電気を作ろう！」
「鉄道ジオラマ制作体験」
※詳細はＨＰをご覧ください。

東京家政学院中学・高等学校

東京家政学院　7つのこだわり

一人ひとりが多様な夢を描き、実現するための独自のキャリア教育がここにあります。

「ごきげんよう！」

東京家政学院では、毎日、校内に響きあう「ごきげんよう！」の挨拶があります。この「ごきげんよう！」の挨拶は、相手を思いやり、自分を元気にします。創立以来90年かわらずに続く伝統の一つです。

進路の「保証」

特別進学コースと総合進学コースの二本立てでカリキュラムを構成しています。また、クラブ活動や委員会活動と受験勉強を両立するために、定期的な補習・講習などで学力をサポートします。今年度は現役進学率99%・大学進学率86%となり、きめ細かいサポートで、あなたの夢を実現します。

「人間力アップ」

エンカウンターでコミュニケーション力を養います。文化祭・体育祭・合唱祭では、企画から運営まで生徒がすべてを行っています。このような学校生活における集団の感動体験は、最も大切な事と考えます。なぜなら一生の財産となるからです。

強い「絆」

チューターは、全員卒業生です。進路の悩みだけではなく、勉強とクラブの両立の仕方など、学校生活全般に対して先輩が親身になってアドバイスしてくれるため、多くの生徒がこのチューター制度を利用しています。

「THE家政」

実習重視の調理・被服・保育の授業など、家政学院ならではのオリジナルメニューが自慢です。実践的な食育としての調理実習では、健やかな「心」と「身体」の成長を「食」の面から手厚くサポートします。

育む「和の心」

本格的な茶室での茶道をはじめ、華道・狂言・百人一首など日本の伝統文化を学ぶプログラムが充実しており、女性らしい品位が身につきます。

抜群の「環境」

創立者　大江スミは、千代田の高台に学校を建てることにこだわりました。そのおかげで、今では、どこからでも通学に便利で安心、落ち着いた環境が確保されています。

森上's eye

社会に飛躍し活躍する自立した女性を育てる

創設者の大江スミ先生が説いた知徳体＝KVA（K…Knowledge、V…Virtue、A…Art）の3つをバランスよく身につけた女性を育む学院。つまり、このKVA精神が東京家政学院の建学の精神です。このKVA精神を連綿と受け継いで、いつも生徒に寄り添った教育を展開し、時代に即した女性を輩出している学校です。

School Data　東京家政学院中学校

所在地　東京都千代田区三番町22番地
TEL　03-3262-2255
URL　http://www.kasei-gakuin.ac.jp
アクセス　JR中央線・地下鉄有楽町線・南北線・都営新宿線「市ヶ谷」徒歩5分、地下鉄半蔵門線「半蔵門」徒歩8分

学校説明会

9月7日（土）	14:00	ホームステイ報告
10月12日（土）	14:00	保護者から見た家政学院
11月9日（土）	14:00	OGによる学校紹介
11月22日（金）	19:00	イブニング説明会
12月7日（土）	10:00	過去問題解説
12月14日（土）	10:00	適性検査対策
1月11日（土）	10:00／14:00	入試直前対策

文化学園大学杉並中学校

A型（適性検査型）入試で『自ら考える生徒』を求む

すべての生徒が熱中できることを見つけ、本気で取り組み得られる「感動体験」を大切にしています。先進のダブルディグリー・プログラム「グローバルコース」で海外進学も身近になります。

「わかる授業」で伸ばす学校

難関大学から併設大学まで幅広く選べる進路、生徒自らが運営する盛んな学校行事、全国大会で活躍する多くの部活動…。一人ひとりが輝ける、そんな引き出しをたくさん持っているのが文化学園大学杉並です。

さらに来年度から、大きな引き出しがまた加わります。【ダブルディグリー・プログラム】を備えた、新コース制が始まるのです。

２０１４年度、中学校は入学時点で『難関進学《グローバル》コース』と『総合進学《シグネット》コース』の2コースでスタートします。『難関進学《グローバル》コース』は、ハイレベルな先取り授業を展開しながら、同時に定評ある英語教育を最初の3年間で「英語によるレポート、論文記述」レベルまで引き上げていきます。後半3年間は国公立大学をメインターゲットにする『難関進学コース』と、日本と海外両方の高校卒業資格が得られる【ダブルディグリー・プログラム】を備えた『グローバルコース（仮称）』のいずれかに続いていきます。２０１５年度に新設される『グローバルコース（仮称）』は、海外大学への進学も、国内難関大学への「帰国生入試」による進学も可能にする先進のプログラムを備え、日本社会のグローバル化をリードする人材を輩出するのが目的です。

中高一貫　新コースの6年間

文化学園大学杉並中学・高等学校

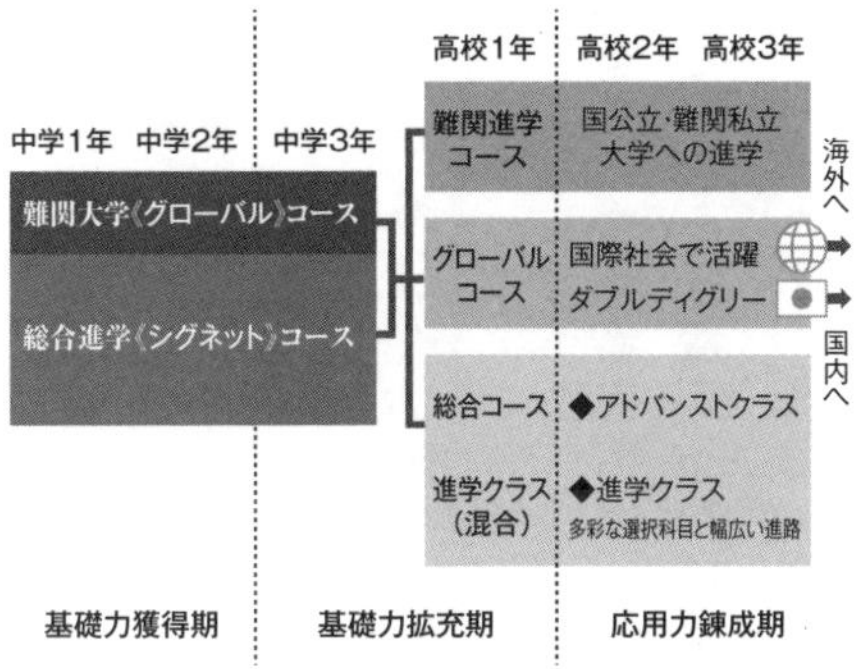

『総合進学《シグネット》コース』は、科目によって先取り授業を入れつつきめ細やかな「わかる授業」を展開します。同時にさまざまな検定取得、フランス語や中国語、服飾やデザイン、陶芸や華道、箏曲など多様な選択科目を導入して、学力の幅をより広いものにしていきます。併設の文化学園大学をはじめ、多種多様な他大進学を可能にします。

両コースとも導入する『体系数学』はオリジナルテキストを使用するなど、「わかる授業」も発展継続中。

生徒は「みんななごやかで明るいですね」と言われます。着実に学力が伸びるのは、そんな生徒同士が助け合い、励ましあいながら前向きに努力するからこその成果です。行事が大好き、部活動も一生懸命、そんな生徒たちが主役なのはいうまでもありません。

文化学園大学杉並では3年前から『A型（適性検査型）入試』を導入し、教科の受験勉強に取り組んでこなかった受験生でもチャレンジできるようになっています。公立中高一貫校をめざす方にも取り組みやすい入試です。

森上's eye

「わかる授業」大展開で進学実績ぐんぐんと上昇

ユニークな系列大学を持つ「半進学校」ですが、いま他大学進学実績がぐんぐんと上昇、さまざまな進路に応えられる学校となりました。教員同士の勉強会やセンター試験研究などでの授業力向上がその背景にあります。徹底して「わかる授業」を展開、今後、難関国立大学実績伸長を期待できる有力株です。

School Data　文化学園大学杉並中学校

所在地　東京都杉並区阿佐谷南3-48-16

アクセス　JR中央線・総武線・地下鉄東西線・丸の内線「阿佐ヶ谷」、「荻窪」徒歩8分

TEL　03-3392-6636

URL　http://www.bunsugi.ed.jp/

学校説明会

9月14日(土) 14:00～
10月19日(土) 10:00～
11月1日(金) 19:00～

オープンスクール

11月9日(土) 14:00～

文化祭

9月28日(土) 29日（日）

A型入試説明会

12月15日(日) 14:00～

A型入試体験会

1月11日(土) 14:00～

〔予約不要・見学随時OK〕

武蔵野東中学校

平成26年度入試より適性検査型入試を実施！

併設の普通高校を持たず、毎年、難関校に多くの合格者を輩出している武蔵野東中学校。しっかりとした進路指導と心を育てる教育でも知られており、26年度からは適性検査型入試を導入します。

時代が求める温かい知性を

自閉児（別課程）との混合教育により柔軟な心が育つと共に、他にはない教育として「生命科」の授業があります。自分や他者の存在の重さや生命の尊さを主眼に、さまざまなテーマを取り上げ、考えを深める貴重な時間としています。行事や部活動も盛んで、体操競技部、ダンス部、陸上競技部が全国大会で優勝などの成績をあげています。

英語を重点としたカリキュラム

1～2年生の英・数、3年生の5教科と論文の授業では、クラスを分割した少人数制の習熟度別授業が行われ、一人ひとりに目の行き届いた指導がされています。カリキュラムは英語を重点としており、習熟度別授業の最上位グループである「特別コース」は、英検2級取得を目指します。中2までに3年分のカリキュラムを終え、中3の4割以上が英検準2級以上を取得しています。

また、オリジナルの「プランノート」を使って自己管理し、自立した学習習慣を確立させていくのも特色の一つです。

驚異的な高校進学実績

全員が高校受験をするので、進路指導も充実しています。15歳での進路選択を自らが挑む成長の機会ととらえ、多岐にわたる高校受験指導のプログラムが、完全に校内指導のシステムおよびカリキュラム内に組み込まれています。そのひとつが「特別進学学習」。3年生を対象に、週3回放課後2時間を使って10名程度の少人数ゼミ形式で、志望校に向けた指導を展開しています。

近年の合格校は都立進学指導重点校の日比谷高、西高、国立高、八王子東高、私立では早稲田実業学校、早稲田大学高等学院、早稲田大学本庄学院、慶應義塾高、国際基督教大学高など、難関校への合格者も多く、1学年60人での進学実績には顕著なものがあります。

平成26年度入試より適性検査型入試を実施

2月1日の午後と2月11日の午前（特別選考・初回の受験者に限る）に適性検査型入試を導入。入試成績の上位者については、半期の授業料を免除する教育奨励生制度も設定しています。

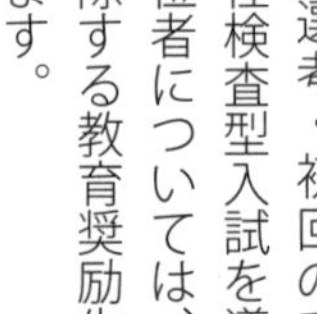

森上's eye

高校難関校にチャレンジするユニークな中学校

心も体も大きく成長する中学校3年間。武蔵野東中では友だちや先生との信頼のきずなのなかで他者への思いやりの心を常に養いつつ、自己を磨き、鍛える環境を整えています。高校進学に向けた熱心なサポートが特徴で、都立進学指導重点校や難関私立高への進学実績は驚くべき数字が出ており、そこから難関大学への道がみえます。

School Data 武蔵野東中学校

所在地 東京都小金井市緑町2-6-4
アクセス JR「東小金井」徒歩7分
TEL 042-384-4311
URL http://www.musashino-higashi.org/chugaku.php

学校説明会（予約不要）	入試問題解説講座（要予約）
9月27日（金） 10月22日（火） 11月21日（木） 12月13日（金） 1月11日（土） 各回とも10:00～12:00	11月2日（土） 12月7日（土） 1月11日（土） 各回とも9:00～12:00

オープンスクール（要予約）	適性検査型入試日程
7月26日（金） 7月27日（土） 7月28日（日） 10月26日（土） 各回とも10:00～12:00	2月1日（土）15:00～（午後） 2月11日（祝・火）9:00～ 適性試験Ⅰ・Ⅱおよび面接（5分）

―中学受験のお子様を持つ親のために―

わが子が伸びる親の『技《スキル》』研究会のご案内

平成25年度後期講座予定

主催：森上教育研究所　**協力：「合格アプローチ」他**
（ホームページアドレス）http://oya-skill.com/（携帯モバイルサイト）http://oya-skill.com/mobile/

第1回　9/10（火）
算　数
宮本　哲也
（算数・数学・パズル教室主宰）
※会場は私学会館です

テーマ　お子さんが低学年の間にやるべきことやるべきでないこと【幼児～小4対象】
内容　私の教室には算数が得意な子がたくさんいますが、彼らは例外なく、算数が大好きです。得意だから好きになったわけではなく、好きだから得意になったのです。彼らは自分で考えることを好み、人から教わることを好みません。算数が好きな子になるための環境作りを考えてみませんか？

申込〆切 9/6(金)

第2回　9/12（木）
コーチ
小泉　浩明
（学習コーチング）

テーマ　スコアメーキング＝合格のための過去問活用法【小5・小6対象】
内容　６年生の２学期は、志望校の過去の問題を演習して得点力を伸ばす時期です。この過去問演習の実施方法から結果分析や弱点対策まで、塾まかせには出来ない、知っておきたい内容を国語・算数を中心に説明します。「論説文の苦手克服に役立つテーマ一覧」などのデータも公開します。

申込〆切 9/10(火)

第3回　9/19（木）
算　数
望月　俊昭
（算数指導&執筆）

テーマ　子ども向け≪図形勉強法マニュアル≫【全学年対象】
内容　受験生の多くが「数に比べて図形が苦手」というタイプです。普通の（優れた図形感覚の持ち主というわけではない）子どもたちが、「自分で描く」ことが重視されない環境でどのように図形学習を進めていけばよいのか。図形に強くなるための勉強法を、子ども向けにまとめます。

申込〆切 9/17(火)

第4回　9/25（水）
国　語
田代　敬貴
（国語指導&執筆）

テーマ　生徒の答案から学ぶ記述答案作成の＜スキル＞【小４～小６対象】
内容　成績上位の生徒でも、わかりやすく読みやすい、言いかえれば採点者に苦痛を与えない文章を書く生徒はそう多くはいません。では、受験生の書く答案の問題点はどこにあるのか。どうずれば改善されるのか、タイプ別記述問題攻略の＜スキル＞とあわせてお話します。

申込〆切 9/23(月)

第5回　10/9（水）
コーチ
佐々木信昭
（佐々木ゼミナール主宰）

テーマ　受験の王道＝志望校過去問徹底演習のプロの全ノウハウ伝授【小6対象】
内容　入試問題はこの問題が出来れば合格させるという学校のメッセージです。志望校の過去問を徹底的にやり込んで、合格可能性20～40%（偏差値7不足）からの逆転合格を、あと100日で可能にします。20～30年分の分野別小単元別過去問集の作り方、最も効果的な演習法を一挙公開。算数、理科中心。

申込〆切 10/7(月)

第6回　10/17（木）
女子学院
金　廣志
（悠遊塾主宰）

テーマ　女子学院入試攻略法【小６対象】
内容　女子学院入試に絞った究極の攻略法。受験生の答案例などを参考にして4科の解法を指導します。女子学院必勝をねらう受験生と父母にとっては必見の講座です。

申込〆切 10/15(火)

第7回　10/24（木）
理　科
恒成　国雄
（Tサイエンス主宰）

テーマ　各学年がやるべき理科的内容への取り組みについて【小2～小5対象】
内容　「理科は、もはや暗記科目ではありません！」中学理科入試問題の思考力重視化は毎年顕著になってきています。直前の丸暗記では間に合いません。どの時期にどのようなことをやるべきなのか？具体的な理科の入試問題から、それに対応できる力をつけさせるための学年ごとの理想的な過程を説明していきます。

申込〆切 10/22(火)

第8回　10/31（木）
算　数
粟根　秀史
（算数指導&執筆）

テーマ　超難関校対策算数学習法【小5対象】
内容　首都圏超難関校の算数入試では「高度な解法技術」と「その場での思考力」の両方が試されます。このような力をあと１年で確実に身に着けるにはどうすればよいか、長年に亘る最大手塾最上位クラス指導経験と最新の情報、研究をもとに詳細に説明いたします。

申込〆切 10/29(火)

◇時間：10：00～12：00
◇会場：第1回はアルカディア市ヶ谷私学会館（JR・地下鉄市ヶ谷駅下車徒歩5分）
それ以外は森上教育研究所セミナールーム（JR・地下鉄市ヶ谷駅下車徒歩７分）
◇料金：各回3,000円（税込）※決済を完了された場合はご返金できません。
◇申込方法：7月23日より申込受付開始スキル研究会HP（http://oya-skill.com/）よりお申込下さい。

お電話での
申込みはご遠慮下さい

メール・FAXの場合は、①保護者氏名　②お子様の学年　③郵便番号　④住所　⑤電話／FAX番号／メールアドレス　⑥参加希望回　⑦WEB会員に登録済みか否か　を明記の上お申込下さい。折り返し予約確認書をメールかFAXでお送りいたします。尚、２～３日しても連絡がない場合はお手数ですが電話03-3264-1271までお問合せ下さい。申込〆切日16時までにお申込下さい。また、電話での申込はご遠慮下さい。尚、本研究会は塾の関係者の方のご参加をお断りしております。

お問い合わせ　：森上教育研究所　メール：ent@morigami.co.jp　FAX:03-3264-1275

東京

東京都立桜修館《おうしゅうかん》中等教育学校

2006年開校　中等教育学校

「真理の探究」のために「高い知性」と「広い視野」「強い意志」を持つ人間の育成

桜修館中等教育学校では、変化が激しい現代社会において、日本人としてのアイデンティティを持ち、さまざまな場面でリーダーシップを発揮できる子どもを6年間かけて育てていきます。

学校プロフィール

開　　校…2006年4月

所 在 地…東京都目黒区八雲1-1-2

T E L…03-3723-9966

U R L…http://www.oshukanchuto-e.metro.tokyo.jp/

アクセス…東急東横線「都立大学」徒歩10分

生 徒 数…男子437名、女子504名

1 期 生…2012年3月卒業

高校募集…なし

2学期制／週5日制／50分授業

入学情報

・募集人員…男子80名、女子80名　計160名

・選抜方法…報告書、適性検査、作文

日本人としてのアイデンティティを身につける

【Q】御校は真理の探究のために3つの校訓を掲げていますね。

【小林先生】本校の母体校である都立大学附属高校（2010年度で閉校）の学校目標が、「自由と自治」、そして「真理の探究」でした。

「自由と自治」というこの言葉は開校当時の時代背景が大きく関係していたと思います。現在は発達段階の異なる生徒が半分いますので「真理の探究」を取り入れ、これを校訓としています。そのために、いろいろな体験も含めて「高い知性」と「広い視野」、そして粘り強い「強い意志」の3つを校訓に掲げ、桜修館中等教育学校がスタートしたのです。

育てたい生徒像としてつぎの6項目を謳《うた》っております。

1　将来の夢や高い志を抱き、自ら進んで考え、勇気をもって決断し、責任をもって主体的に行動する生徒

2　社会の様々な場面・分野においてリーダーとして活躍する生徒

3　真理を探求する精神をもち、自ら課題を発見し、論理的に解決し、適切に表現し行動できる

小林《こばやし》　洋司《ようじ》 校長先生

生徒

4　生命や人権を尊重し、他者を思いやり、他者と共に協調する心をもつ生徒

5　世界の中の日本人としてのアイデンティティをもって国際社会に貢献できる生徒

6　自らの健康に留意し、体力の向上に努め、健全な精神を維持できる生徒

簡潔に言うと、自ら進んで考え、将来への志を持ち、国際社会に貢献できる日本人としてのアイデンティティを身につけていくことが必要だと考えています。

2年生では、国際理解教育の一環として「留学生が先生」という行事を行っています。

そして、6年間の中等教育学校ですので、ゆとりのある時間のなかでリーダーシップを発揮できる生徒を育てたいと思っております。

【Q】生徒に対してつねに話しておられることはありますか。

【小林先生】 自分を成長させるということは、ひとりで成長できるわけではないと言っています。

「人間はまわりの社会によって育てられている部分があり、自分が行動することによって、まわりの社会にどんな影響があるのかつねに考えられる人間になってほしい」ということです。

そのことがほんとうの意味での成長だということは、言葉を変えながらよく言っております。

【Q】少人数授業は行っていますか。

【小林先生】 前期課程の2年生と3年生の英語で実施しています。後期課程でも英語の一部で少人数授業、数学で習熟度に応じた少人数授業が行われています。

5年生（高校2年生）まではほとんどの生徒が同じ科目を履修しています。

早くから文系・理系に分けてしまうと、理系だから、文系だからと言って勉強しない科目もでてきてしまいます。

ですから多くの教科を学んで、広い視野を持って自分の将来を考えた選択をしてもらいたいと考えていますし、得意、不得意で文系・理系を選ぶ必要もないと考えております。

また、あらゆることに興味と関心とを高めてもらえればと考えています。

カリキュラム紹介

1 論理的な思考力の育成を目的とした「国語で論理を学ぶⅠ～Ⅲ」「数学で論理を学ぶⅠ～Ⅲ」

１年生の「国語で論理を学ぶⅠ」では、基礎として相手の話を正確に聞き取ることを意識した問答ゲームや再話などの言語技術教育を取り入れています。

「数学で論理を学ぶⅠ」では、日常生活にある身近な題材を課題として、文字、グラフ、図形を使い性質を考えたり論理的に考えたりする授業を行っています。

２年生の「国語で論理を学ぶⅡ」では、相手にとってわかりやすく説得力のある意見の述べ方や表現の仕方を学習します。

また、相手の立場になって理解し、それに対して自分の考えも筋道を立てて述べる学習や、ディベートなども取り入れた学習をしていきます。

「数学で論理を学ぶⅡ」では、図形の定理や公式を演繹的に証明し、また発展的な図形の問題をさまざまな方法で論理的に考えて解く授業を展開しています。

３年生の「国語で論理を学ぶⅢ」になると、これまで学習したことをさらに高めるため、さまざまな種類の文章を論理的に読解し、自分の考えを論理的に表現する学習をします。また、弁論大会を行い、相互に批評する機会を設け、小論文の基本も学習していきます。

「数学で論理を学ぶⅢ」では、課題学習を中心に行い、数学的な見方や考え方を育成したり、特殊化・一般化について論理的に考え解く授業を行います。

特色のある独自の教育活動

【Q】御校では学校独自の教育活動をされていますね。

【小林先生】「国語で論理を学ぶ」という科目を設定しています。これは学校独自の科目で、教科書も教員が作成したものを使っています。

論理的にものごとを考えることを目的としており、1年生からは論文と称し、意見文を書いて、『研究レポート集』を作成しています。そして2・3年生になるとディベート大会も行われます。

そしてもうひとつ、「数学で論理を学ぶ」という科目も設定しています。図形やグラフ、数式を使ってパズルのようなものをあつかい、そのなかで論理性を考えていくことをしています。これによって、読売新聞社の作文コンクールで東京都教育委員会賞を受賞する生徒が、毎年でてきています。本校が独自に設定した科目によって、生徒が興味を持ってくれたことが、このような結果につながっているのだと思います。

【Q】ほかにも力を入れている教育活動についてお教えください。

【小林先生】コミュニケーション力を重視しています。1年生のときから各班でプレゼンテーションを行い、研究発表などを行っています。

また、入学してすぐに1泊2日で移動教室に行きます。ここで生徒は友だちと打ち解け、ガラッと変わって帰ってきます。

2・3年生では夏休みに希望者を対象に校外で英語合宿を行っています。ここでは起床から就寝までネイティブの指導員とグループを組み、英語のみを使って生活します。

4年生になると希望者はニュージーランドで約2週間のホームステイを行い、5年生になると修学旅行でシンガポールを訪れ、シンガポール大学の学生と班別行動を行っています。

本校はドイツ語、フランス語、スペイン語、中国語、ハングルなど、第2外国語の選択科目も設定しています。コミュニケーション力を重視しているのもおわかりいただけると思います。

また、豊かな感性と想像力を育成するために学年行事として百人

年間行事

おもな学校行事（予定）

4月	入学式
5月	移動教室（1年） クラスマッチ（体育祭）
6月	
7月	三者面談
8月	英語合宿（2・3年生希望者） 職場体験（3年）
9月	避難訓練　記念祭（文化祭）
10月	
11月	校内実力テスト
12月	研修旅行（3年）　美術館巡り（1年）　海外修学旅行（5年）
1月	百人一首大会 体験的研修旅行（2年）
2月	芸術鑑賞教室　マラソン大会
3月	卒業式　合唱コンクール

クラスマッチ

検修旅行

クラスマッチ

移動教室

合唱コンクール

一首大会や伝統芸能の鑑賞教室も行っています。

【Q】進路・進学指導についてお聞かせください。

【小林先生】本校は都立の中高一貫教育校です。入学時に学力検査を行っていませんから、ある意味では多様な生徒がおります。ですから、みんな一律に東大をめざすということはいえない学校ですね。それがほかの学校と大きくちがうところだと思います。ただ、そういう意味で進路指導は大変なのですが、いろいろな個性ある生徒たちが集まっていることは、生徒にとってはいい環境だろうと思います。

進学指導については、きめ細かく指導しています。志望校検討会も行っています。

これをもとに、三者面談で保護者に情報を提供しつつ、学習指導にも活用して進路指導体制をとっています。

【Q】適性検査についてお聞かせください。

【小林先生】与えられたものにそのまま素直に機械的に答えるのではなく、いろいろな角度から自分で考えられるような生活習慣をつけてほしいと思っています。

学んだことをことがらとして暗記しているだけではなく、それを活用して生活にどういかしていけるのか、そういうことが適性検査では問われます。作文については、親子の会話や友だちとのふれあいなどの生活のなかで感じたいろいろなことや、体験を大事にして、題材に向かい作文を書いてほしいと思います。

【Q】最後にどのような生徒さんに来てもらいたいですか。

【小林先生】おそらく、本校の教育方針まで全部わかって入学してくる生徒さんは、あまり多くないと思います。

ですから、記念祭（文化祭）や学校説明会、学校見学など、いろいろ行事がありますが、そういうものを見て自分が「ここで勉強してみたい」と思って来てもらいたいです。

それから、地域の中学校でなく本校を選んだということは、それなりの決意をもって来ていると思いますので、勉強でも、部活動でも、行事でもよいので、ひとつ目標を持ってがんばってもらいたいと思います。

東京都立桜修館中等教育学校

募集区分：一般枠
入学者選抜方法：適性検査（45分）、作文（45分）、報告書

きょうこさんは、図書室の理科図《ず》鑑《かん》を見ていて、「光で遊ぼう」のページを見つけました。

きょうこさんは「光の進み方を調べよう」の実験のときに、光の進む方向に対して鏡を45°にすると、光が90°曲がったことを思い出して、次のような問題を考えました。

例2 のように区切ったます目があります。そのます目の中には、両面に鏡をはった板がななめ45°に置かれています。
例2 では、○から矢印の方向に進んだ光は、3まいの板によって進む方向を変えられて、●に進むことが分かります。

例2

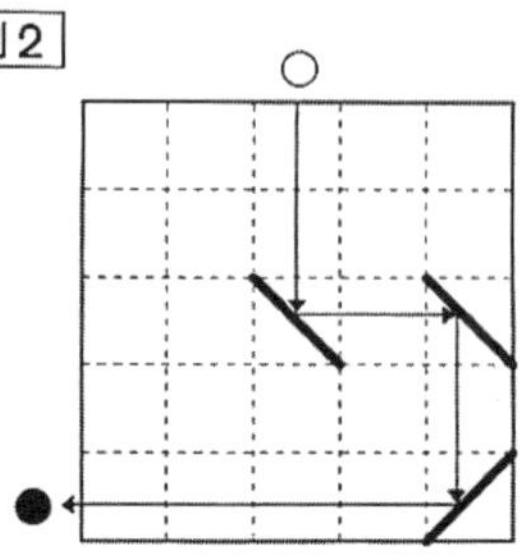

［問題3］ 図ア で、両面に鏡をはった3まいの板を、ます目のどこかに、ななめ45°に置きました。△から矢印の方向に進んだ光が▲に、□から矢印の方向に進んだ光が■に、☆から矢印の方向に進んだ光が★に進んだとき、3まいの板はどこに置かれていますか。板の置き方は一通りではありません。考えられる置き方のうちの一通りを、解答用紙の 図ア にかきましょう。

図ア

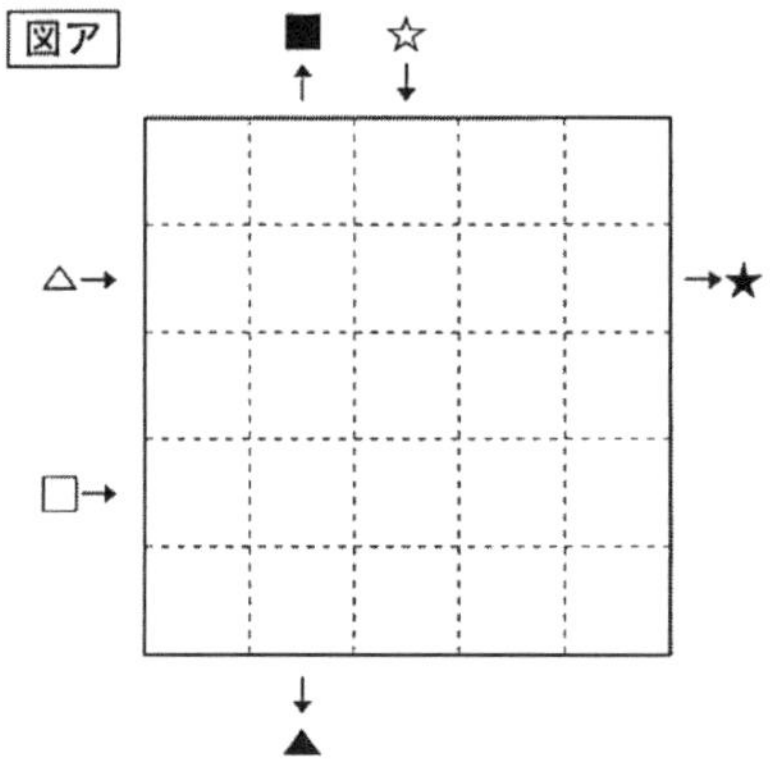

課題や条件を正しく分析する

与えられた条件を正しく理解し、分析して答えを導き、さらに検証できる力をみます。［問題2］は何とおりかの答えがあります。

条件を基に論理的考察力をみる

鏡の反射の問題ですが「両面が鏡になっている」ところがカギです。しめされた「例」が理解できれば比較的やさしい出題です。

▶2013年度 東京都立桜修館中等教育学校 適性検査問題より

図書室に来たので、まなぶさんは本を借りるため、貸し出しカードを取り出しました。

貸し出しカードには、下の 例２ のような数字が書かれています。まなぶさんは貸し出しカードに書かれている数字について、先生から教えてもらいました。

例２

１年２組34番	の貸し出しカードに書かれている数字	→	１２３４－２
６年１組５番	の貸し出しカードに書かれている数字	→	６１０５－５

先生から教わったこと

○貸し出しカードの数字の「－」の後ろにある数字はチェックデジットといい、本の貸し出しの際に貸し出しカードの数字にまちがいがないか調べる数字である。
○チェックデジットは、下の チェックデジットの具体例 のように、「－」の前にある数字に対して 作業１ 、 作業２ を行って、０、１、２、３、４、５、６のどれか一つの数字を付けている。
○学年は１年から６年、組は１組から３組、出席番号は１番から40番までである。

チェックデジットの具体例

「－」の前にある数字	作業１		作業２	チェックデジット
１１０１	⟶	２１	⟶	０
１３１１	⟶	４２	⟶	０
３２１５	⟶	５６	⟶	０
２１１５	⟶	３６	⟶	１
４２１３	⟶	６４	⟶	１
３２１０	⟶	５１	⟶	２
１２０１	⟶	３１	⟶	３
５１２５	⟶	６７	⟶	４
１３２８	⟶	４０	⟶	５
６１１５	⟶	７６	⟶	６

［問題２］　(1) 作業１ を行った後の数字が35のとき、 作業１ を行う前の数字は何ですか。答えは一通りではありません。考えられるうちの一通りを書きましょう。

(2) 下の（ア）、（イ）、（ウ）から、まちがっているものを選び、記号を書きましょう。そして、チェックデジットはそのままで、「－」の前にある数字のうち一つの数字だけがまちがっているものとして、数字を正しく直しましょう。数字の直し方は一通りではありません。考えられるうちの二通りを書きましょう。

（ア）４２２１－０　　（イ）２１１７－６　　（ウ）３２１６－１

解説

都立桜修館中等教育学校では、適性検査と作文、報告書で入学者選抜を行っています。適性検査500点、作文200点、報告書を300点にそれぞれ換算し、総合成績1000点で評価します。

適性検査では、小学校で学習した内容をもとにして、思考・判断・表現する力をみます。また、与えられた課題の条件や問題点を整理し、論理的に筋道を立てて考える力、身近な生活を題材としてそのなかにある課題を自分の経験や知識で分析し、考えや意見を的確に表現する力もみます。作文では、適性検査に準ずる観点に加えて、進学後に勉学に意欲的な態度を保てるかどうかをみます。

2013年度の適性検査をみると、算・社・理の３科目が融合された問題で、日ごろの生活のなかで数字や規則性のあるものに関する興味が持てているかどうかが試されました。作文では、日本でよく見る世界地図のほかに２点の世界地図がしめされ、その視点のちがいなどについて考えたことを500～600字で表現する問題でした。

東京都立大泉《おおいずみ》高等学校附属中学校

併設型　２０１０年開校

「文武両道」の伝統を継承し 自主・自律・創造の精神を育む

東京都立大泉高等学校を設置母体として誕生した東京都立大泉高等学校附属中学校。２０１１年度末に、中高一貫校としての新校舎の全面改築が終わり、今年11月には人工芝のグラウンドも完成します。

菊地《きくち》　芳男《よしお》　校長先生

学校プロフィール

- **開　校**…2010年4月
- **所在地**…東京都練馬区東大泉5-3-1
- **ＴＥＬ**…03-3924-0318
- **ＵＲＬ**…http://www.oizumi-fuzoku-c.metro.tokyo.jp/
- **アクセス**…西武池袋線「大泉学園」徒歩7分
- **生徒数**…男子166人、女子194人
- **１期生**…高校1年生
- **高校募集**…あり
- **3学期制／週5日制／50分授業**
- **入学情報**
  - ・募集人員…男子60名、女子60名 計120名
  - ・選抜方法…報告書、適性検査（Ⅰ・Ⅱ）

リーダーとしての資質と行動力を身につける

【Q】御校の沿革と教育方針についてお教えください。

【菊地先生】本校は、東京都立大泉高等学校（以下、大泉高）を母体校に２０１０年（平成22年）に併設型中高一貫校として開校しました。

１期生が高校1年生になり、大泉高は昨年度の入学生より2学級の募集になっています。

母体校である大泉高は、１９４１年（昭和16年）に東京府立第二十中学校として設立されたのち、１９５０年（昭和25年）に東京都立大泉高等学校と改称され、今年で創立72年の伝統を誇る学校として歴史を刻んできました。

教育理念については、「学」「律」「拓」という3つの文字でわかりやすくしています。

まず、生徒の自発的な学習を重視して、幅広い教養と高い知性を身につけたいと考えて〈自ら学び、真理を究める〉「学」。

また、自己を律し、他者をよく理解して協力できる生徒を育成する〈自ら律し、他を尊重する〉「律」。

最後に、厳しい現代社会のなかで自らの人生を自らで拓くために

豊かな人間性を備え、社会で活躍できる資質と行動力を身につけた生徒に育成する〈自ら拓き、社会に貢献する〉「拓」。この3つの言葉です。

　そして、本校では、自主・自律・創造を掲げ、6年間の一貫した教育を行うことにより、社会のさまざまな場面において、信頼を得てリーダーとなり得る人材の育成をめざしています。

自校完成型教育システムの導入

【Q】御校では、どのような教育システムで学習に取り組んでいますか。

【菊地先生】 本校は、1学年3クラス、1クラス40名（男女20名ずつ）で授業に取り組んでいます。3学期制の50分授業で、月曜日から金曜日まで毎日6時限を基本としています。

　そのなかで、生徒の希望進路を実現するために、「自校完成型教育システム」を導入し、学力の定着をはかっています。

　「自校完成型教育システム」とは、「授業」、「土曜演習・土曜補修」、「TIR（ティーチャー・イン・レディネス）」で展開される学習を総合したシステムのことです。

　まず、「授業」では、6年間一貫したカリキュラムを編成しています。将来、さまざまな分野に進めるように高校2年次までは共通のカリキュラムで、文科系・理科系の両方に対応する幅広い教育をめざしています。

　中学時に高校で学習する内容の一部を発展的に学んだり、新学習指導要領にしめされた標準時数よりも週に1時間授業を増やして、中1で理科、中2で数学、中3で国語を学び、確かな学力を身につけさせます。

　数学や英語においては、1クラスを2分割した少人数授業や習熟度授業を取り入れて、きめ細かな指導を行ってます。

　そして、土曜日を活用して、月に数回の「土曜演習・土曜講座」を実施しています。

　土曜演習では、数学・英語を中心に、学んだ内容を繰り返し学習し、基礎基本の確実な定着をはかります。土曜講座は、自然科学や社会科学など幅広い分野の講演を開き、学びへの興味や関心を高めています。

カリキュラム紹介

1 ティーチャー・イン・レディネス（ＴＩＲ）

通常の補習とは異なり、放課後に自由に学習できる学習支援ルームを設置し、生徒が自主的・主体的に自学自習に取り組めるシステムを導入しています。

授業の復習や予習サポート、計画的な利用による学習習慣の確立、教え合いをとおした学力の定着を目的に、常駐の教師が各自の学習課題に応じた個別指導を実施し、学習支援ルームに行けばいつでも質問できる体制を整えています。

中学１、２年は学習習慣が定着するまで、各部活動間で調整しながら計画的な利用を促しています。

2 学びへの興味・関心を高める土曜講座

全学年の生徒を対象に、土曜日を活用して、教科の演習やキャリアガイダンスなどを実施しています。自然科学や社会科学などの幅広い分野の講座を開き、生徒の学びへの興味・関心を高めて、学習の動機付けを行っています。

毎週４時間、主要５教科の学力の定着をはかる時間として、授業ではなく演習や実験などを実施します。

また、民間企業や大学など、各界から有識者を招いた講座では、さまざまな職業に触れる機会や、進路講座などを、生徒の希望進路の実現を可能にするために実施しています。

さらに、放課後の一定時間、教員が学習支援ルームに控えて、授業でわからなかったことや授業の予習など、生徒個別の学習課題を支援する制度を設けています。これが「ＴＩＲ」です。全学年を対象に、水曜日を除く放課後に実施されます。

本校では、学校で学習を完成させたいという趣旨から「自校完成型教育システム」を導入しています。この取り組みは、生徒が進路の実現を可能にする実力を身につけるために実践しています。

「探究・体験」をいかした教育活動の充実

【Q】御校で行われている特色ある授業についてお教えください。

【菊地先生】 まず、読書を習慣づけることで、落ちついて学習に取り組めるように、毎朝8時10分から読書の時間を設けています。

特色ある教育のひとつである「大泉の探究」は、おもに総合的な学習の時間の〝探究活動〟のなかで、環境について主体的にかかわるとともに、各教科の授業や土曜講座などと連携しながら学びを進めています。1学年3クラスを30班に分けて、中1～高2で実施されます。

たとえば、中1では〈ひまわりプロジェクト〉としてひまわりの栽培をテーマに環境を探究しました。

「大泉の探究」では課題設定、実験・観察、調査、議論、発表などのプロセスをとおして知的好奇心を高め、自発的な学習の取り組みへとつなげていきます。そして、学びを深めるとともに、論理的な思考力、判断力、表現力などを育成しています。

教育管理システムで学力の推移を確認

【Q】キャリア教育、進学指導に、6年間の中高一貫教育はどのようにいかされていますか。

【菊地先生】 本校でのキャリア教育は、6年間を発達段階に応じて、「基礎充実期」（中1・中2）、「挑戦期」（中3・高1）、「創造期」（高2・高3）と3期に分け、計画的に実施しています。

「基礎充実期」は学ぶこと、働くことの意義・役割や多様性を理解する。「挑戦期」は将来の生き方や生活を考え（10年後計画）将

年間行事

おもな学校行事（予定）

4月	入学式
5月	体育祭
6月	探究遠足　球技大会（3年） 勉強合宿
7月	夏季講座 クラスマッチ
8月	夏季講座
9月	文化祭　国内語学留学 生徒会役員選挙
10月	到達度テスト
11月	生徒総会　探究遠足 探究修学旅行
12月	芸術鑑賞教室
1月	歌留多大会
2月	合唱コンクール　到達度テスト
3月	総合全体発表会　クラスマッチ 卒業式

マインドストーム製作

部活動

体育祭

ひまわりプロジェクト

土曜講座

授業風景（数学）

来設計をする。「創造期」は希望進路の実現のために自己の能力を磨く。このような中高で一貫した教育を行うことにより、将来、豊かな人間性を備え、進んで社会に貢献できる生徒になってほしいと考えています。

例えば、中学3年次には、「職業ワークショップ」というものがあります。これは、さまざまな分野の社会人のかたがたをお招きし、職業や業界についての講義を受けるというものです。

進学指導では、中学3年生の段階から、高校の進路指導部の先生による大学進学や大学入試についての講演会指導を受けています。

2011年度末に 中高一貫校の新校舎完成

【Q】御校をめざすみなさんへメッセージをお願いします。

【菊地先生】本校では、入学者選抜の適性検査について、過去の問題を使用した適性検査への対応策を「子どもたちに身につけさせたい8つの習慣」というタイトルで、「広報情報部だより」に掲載し、受検生に配布しています。

保護者のかたがお子さんと接するときにどのようなことをすればいいのか、日常的に取り組めることを家庭の習慣として取り組んでいただけたらという思いでつくりました。本校を志望する生徒さんだけではなく、多くの小学生にも見ていただけたらいいなと思います。

2011年度末に、併設型中高一貫校として、中学校と高等学校が交流しながらともに学ぶことができる新校舎が完成しました。

新校舎は望遠鏡が設置されている天体ドームや、自然エネルギーを活用した工夫がなされています。恵まれた教育環境のなかで、大泉の新たな歴史がつくられていきます。

本校を志望する生徒さんに対しては、積極的な姿勢でなにかに取り組んでみたいという目標がある生徒さんや、しっかり勉強して、自分のよいところを伸ばしていきたいという生徒さんに入学してほしいと考えてます。また、開校して4年目なので、充実した学校生活を送りながら、いろいろなことにチャレンジして新たな学校文化をみなさんと創造していけたらと思います。

東京都立大泉高等学校附属中学校

募集区分：一般枠
入学者選抜方法：適性検査Ⅰ（45分）、適性検査Ⅱ（45分）、報告書

たろう：ぼくは、それぞれ面の●が１から６までの数になるように作ったよ。そして、ある面とその反対側の面の●の数の差が３になるように合わせたよ。**〈図３〉**

はなこ：わたしはさいころと同じように、向かい合っている面の●の数を足すと７になるように組み合わせたの。たろうさんの作った立方体と模様がちがうわね。**〈図４〉**

たろう：本当だ。どの広げた箱とどの広げた箱を使ったの。

〈図３〉　たろうさんの作った立方体

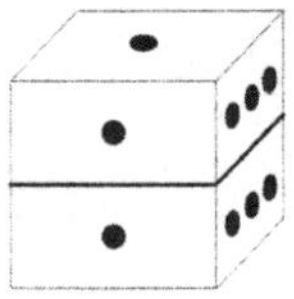

〈図４〉　はなこさんの作った立方体

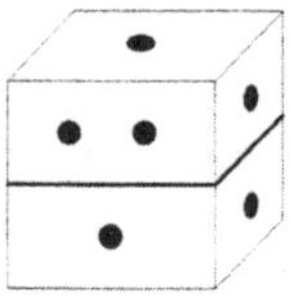

【問題１】　たろうさんとはなこさんが作った立方体は、どの広げた箱とどの広げた箱を組み合わせてできたものですか。**〈図１〉**の中から選び、それぞれ番号で答えなさい。

父　：同じ模様の紙を上下に２枚使って立方体を作っても、どちらか一つの箱を回転させるとちがう模様の組み合わせの立方体ができるね。

【問題２】　**〈図５〉**に示した模様の紙のうち２枚を使って立方体を作ります。
このとき、組み合せ方や箱の回転によって各面の●の合計数は異《こと》なります。
●の合計数が６面とも異なる立方体は何種類できるか。
ただし、選んだ２枚の紙のうち、番号の小さい方（①と②の場合は①）を、立方体の上の部分に使うものとします。

〈図５〉

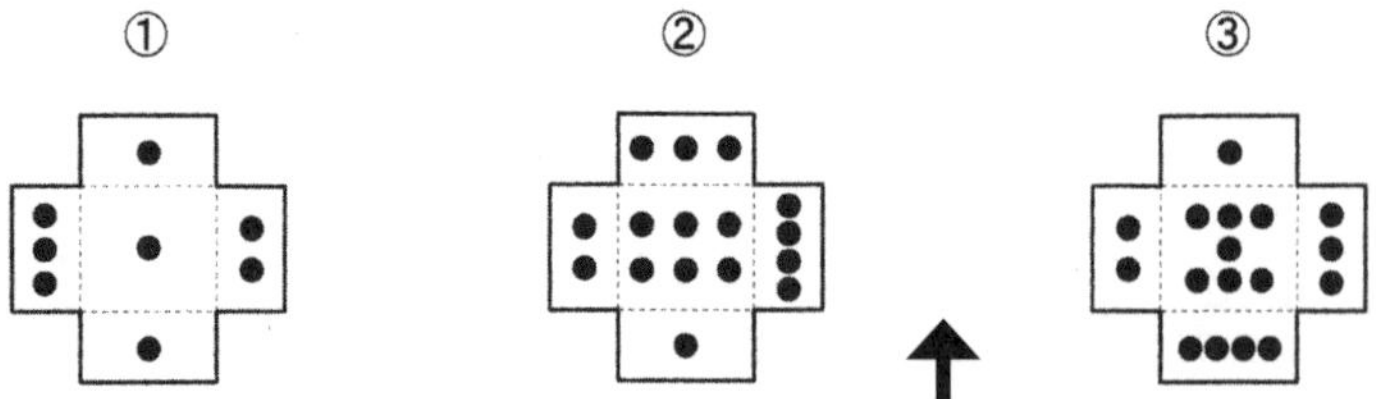

条件を読み解き考察する

しめされた条件を読み解いて理解する力が必要です。見えない部分を条件に合わせて想像する力も必要になります。

条件を満たす方法を考える

与えられた課題の問題点を整理し、筋道を立てて考え、解決する力をみています。問題文を読み取る力も必要です。

▶2013年度 東京都立大泉高等学校附属中学校 適性検査問題Ⅱより

[1] たろうさんとお父さんは、夏休みの自由研究の作品について考えていました。

そこへはなこさんがやってきて、会話に加わりました。

はなこ：何をしているの。
たろう：もらったおかしの箱のふたを広げて片《かた》付《づ》けていたんだけど、同じ大きさの広げた箱を使って何か自由研究の作品ができないか考えていたんだよ。
はなこ：ずいぶんたくさんあるわね。あら、広げた箱に模《も》様《よう》があるわ。
たろう：模様があった方がおもしろそうだから、●を書いてみたんだよ。〈図１〉

〈図１〉

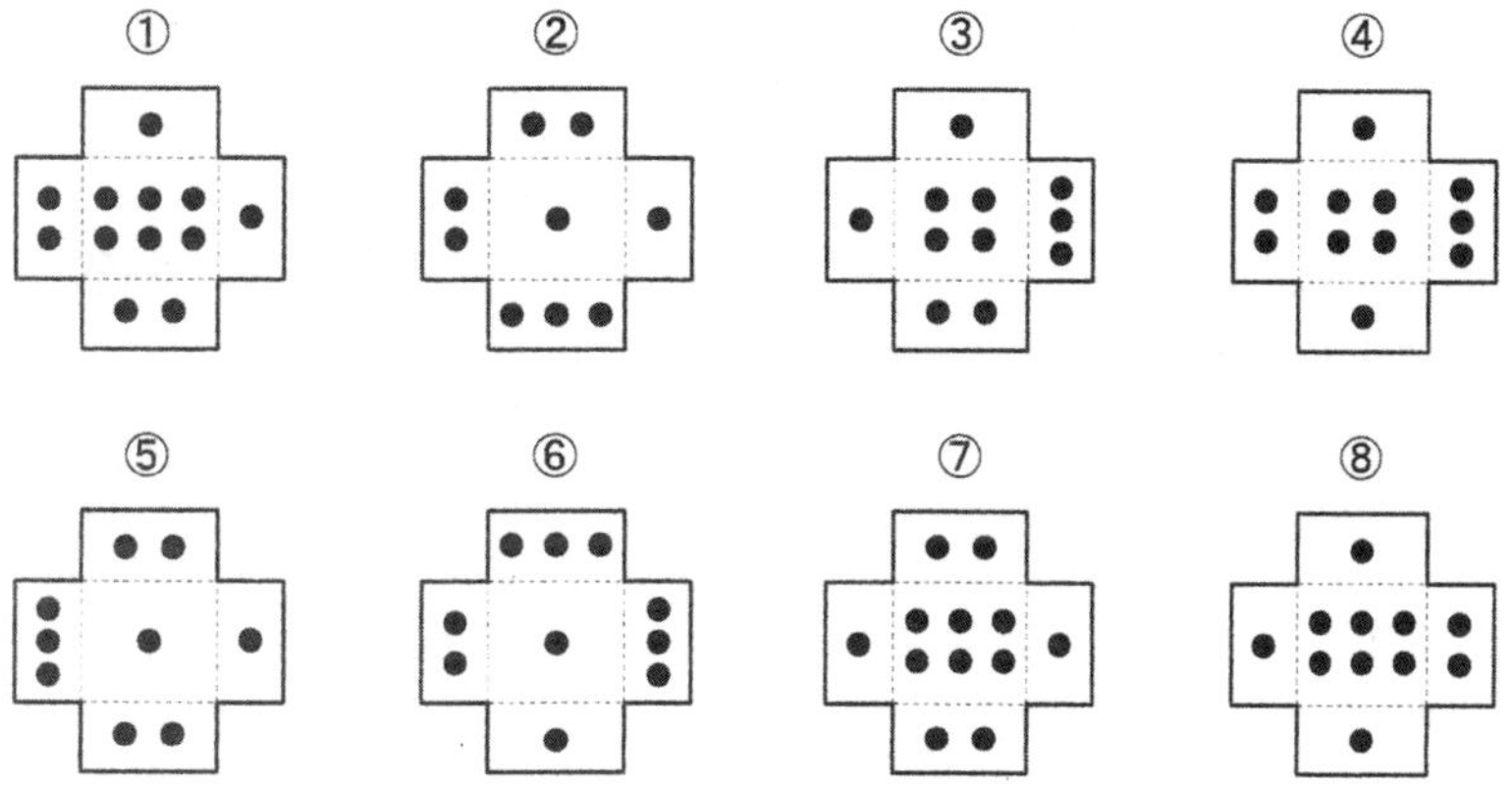

はなこ：これを組み立ててさいころみたいなものが作れないかしら。
父　：●が見えるように点線の部分を山折りにして、２枚を〈図２〉のように合わせると立方体ができるね。
はなこ：たろうさん、立方体を作ってみましょうよ。
たろう：うん、作ってみよう。
はなこ：確かに立方体ができたわ。

〈図２〉

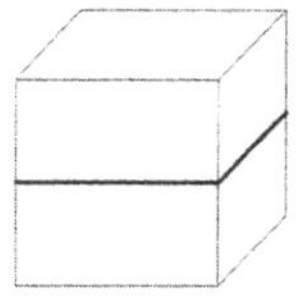

父　：上下の箱を合わせた正方形の面の●の数がぐう数のときは上下を入れかえても同じように見えるけれど、き数のときはちがっているね。
はなこ：そうね。では、き数の面のときは上の方が下の方よりも●の数が多くなるようにおくことにしましょう。

解説

都立大泉高等学校附属中学校の入学者選抜では、適性検査Ⅰは200点満点を換算して300点満点に、適性検査Ⅱは200点満点を換算して500点満点とします。報告書は400点満点で点数化後、200点満点に換算、合わせて1000点満点の総合得点で合否を判断します。このように適性検査Ⅱの比重が重いのが特徴です。

適性検査Ⅰでは、文章を読み取る力と自分の考えや意見を的確にまとめる力をみます。

配点の高い適性検査Ⅱでは、図、グラフ、表などの複数の資料を分析・考察し、関連づけて読み取る力、また、与えられた課題や資料から問題点を整理し、筋道を立てて考え、解決する力をみます。そして、導きだした自分の考えを、論理的に他者にわかりやすく表現する力もみています。

適性検査Ⅰは私立中学入試の国語の出題に似ており、ボリュームのある適性検査Ⅱは、国・算・社・理、４教科の融合問題です。

千代田区立九《く》段《だん》中等教育学校

2006年開校　中等教育学校

「個性的自立」を基本理念に将来の日本を担うリーダーを育成

教育理念は『個性的自立』。生徒一人ひとりが個性を伸長させつつ自己を確立させるなかで、人として自律し、よりよい社会を築くことのできる人材を育成することを基本の理念としています。

学校プロフィール

開　　校…2006年4月

所 在 地…東京都千代田区九段北2-2-1

T E L…03-3263-7190

U R L…http://www.kudan.ed.jp/

アクセス…地下鉄東西線・半蔵門線・都営新宿線「九段下」徒歩2分、JR総武線・地下鉄東西線・有楽町線・南北線・都営大江戸線「飯田橋」徒歩7分

生 徒 数…男子441名、女子469名

1 期 生…2012年3月卒業

高校募集…なし

2学期制／週6日制／50分授業

入学情報

・募集人員…（千代田区民）男子40名、女子40名　計80名
（千代田区民以外の都民）
男子40名、女子40名　計80名

・選抜方法…報告書、適性検査（1、2、3）

高い志を持った生徒を育てる

【Q】御校の教育理念「個性的自立」とは、どのようなものなのでしょうか。

【倉田先生】本校では、次代のリーダーになる高い志を持った生徒を育てていくことをめざして、この教育理念を掲げています。6年間の一貫した教育活動のなかで、豊かな人間性や幅広い教養を生徒たちが身につけられるように、教育課程を編成しています。

【Q】教育目標「豊かな心、知の創造」についてもお教えください。

倉田《くらた》　朋保《ともやす》 校長先生

【倉田先生】「豊かな心」とは、自分に対する心、相手に対する心、社会や自然に対して感動できる心です。「豊かな心」の育成については、本校のさまざまな教育活動をとおして取り組みたいと考えています。

そして、「知の創造」に関しては、基礎的な知識の獲得がとても大切であり、その知識を活用して課題発見や問題解決の能力を身につけていかなければいけないということを生徒たちに伝えています。

【Q】教育の3本柱としている「確かな学力の向上」「豊かな人間性の育成」「キャリア教育の充実」

についてご説明ください。

【倉田先生】「確かな学力の向上」のために6年間を見通した継続的な教育課程を編成しています。知識基盤社会に求められる思考力・判断力・表現力などを養っていきます。

「豊かな人間性の育成」では、高い志を持ち、自律心やあきらめない心、人を思いやり、人とのかかわりを大切にする心、主体的に社会に貢献する心、感謝や感動を大切にする心などを育み、個性豊かで独創性に富んだ人間の育成を目標としています。

そして、「キャリア教育の充実」は、生徒が自己の能力・適性を知り、学ぶことの意義や目的を理解し、自己実現をめざして、主体的な進路決定や将来設計の能力や態度を育成しています。

【Q】御校の学期制と授業時数、また、土曜日をどのように使われているかお教えください。

【倉田先生】授業時数の確保から2期制を採用し、50分授業で平日6時間、土曜日4時間の授業が行われています。

土曜日の授業については、「前期課程」（1～3年）で、授業を年20回、「後期課程」（4～6年）では、年32回行っています。

それに加えて土曜予備校を年12回行います。これは、大手予備校の講師が英語と数学の授業を各90分行うもので、4クラス4展開の習熟度別クラス編成となっております。

3期に分けて行う 6年一貫教育

【Q】6年間を見通した教育体制についてお話しください。

【倉田先生】本校では、6年間を3つに分け、「基礎期」（1～2年生）、「充実期」（3～4年生）、「自己実現期」（5～6年生）と位置づけて、取り組んでいます。

中高一貫校ですので、中学段階でも高校の内容を発展的な学習として組みこんでいます。5年生（高校2年生）の段階までに、高校の学習内容をほぼ終えるような授業時間数を確保しているのです。そして、5年生が終わったときに、生徒たちの多様な進路の選択に対応できるようになっています。

最終学年の6年生（高校3年生）になると、自分の志望する大学に合わせた講座を週20時間選び

カリキュラム紹介

1 グローバルコミュニケーションの育成をめざす英語教育の取り組み

英語科では、Global Communication（伝えたいことを英語で正確に伝えられる力）の育成をめざす英語教育を行っています。

前期課程では、とくに音声教育が大切にされ、内容の理解も文法の学習もまず音声から指導されています。週に１回は EA（English Activity）というネイティブスピーカーといっしょの授業があります。

後期課程でも、音声教育を大切にしている点は変わりません。教科書の音読が重視され、内容を英語で発表する活動も継続されています。それに加えて、英文の多読、速読、精読など、さまざまな読解の授業が行われます。

また、「放課後サロン」があります。ここは ALT（Assistant Language Teacher）が２名いて、生徒が自由に英語だけで会話を楽しむことができる場所です。行事では、「英語合宿」が２年生で行われ、福島県のブリティッシュヒルズに行き、合宿中は英語だけの生活になります。また、２年生の20名と３年生の全員がオーストラリアへ海外研修を行います。

2 「総合的な学習の時間」を重要な位置づけとする

１年生では、「総合的な学習の時間」を使って「環境問題を知る」という取り組みが週２時間行われています。１年生の９月までの段階で、環境という課題から学び方を学習します。10月以降は、地域企業の協力を得て、日常生活に根づいた課題を解決するという、大きなテーマが生徒たちに与えられます。そのテーマに沿って、グループでそれぞれの企業に行きます。そして、企業のかたからいろいろな意見を聞き、生徒たちの考えや課題解決案を提案して発表します。

２年生、３年生、さらに後期課程でも、こうした学びを積みあげていくなかで、各学年の研究成果としてまとめた冊子がつくられています。

そして、５年生の後半から６年生では、「卒業研究」という課題のもとに九段の学びを完成させていくことになります。

ます。

選択する講座の内容によって文系・理系のちがいができますが、国公立大・私立大のどちらにも対応できるように、教育課程が編成されています。

【Q】「おはようスタディ」「放課後スタディ」についてご説明ください。

【倉田先生】 本校の朝は「おはようスタディ」で始まります。朝８時からの20分間を利用して、外国人留学生による「イングリッシュシャワー」や朝読書（前期課程）、朝学習（後期課程）にあてられています。

「イングリッシュシャワー」とは、近隣の大学で学ぶ外国人留学生との英会話をつうじて、英語を楽しむ時間のことです。

苦手教科ができた生徒に対して行われるのが、「放課後スタディ」です。現在では、近隣の大学から30名ほどの学生アシスタントが登録され、本校の教員とともに指導にあたっています。また、国・数・英の３教科で遅れがちな生徒に対しては、放課後45分間の個別指導を指名制で行っています。

【Q】少人数制授業および習熟度別授業は行っていますか。

【倉田先生】 本校は、１学年４クラスで、男女20名ずつの１クラス40名となっています。

英語は１年から６年まで１クラス20名程度の少人数授業を取り入れています。

数学は１年から３年は１クラスに教員が２名になるチームティーチング（ＴＴ）を基本とし、必要に応じて習熟度別に展開しています。また４年からは習熟度別授業を取り入れています。

その他多くの教科においても少人数制授業、またはＴＴでの授業が基本となります。体育や芸術など実技教科のほとんどの授業がＴＴになっています。

生徒一人ひとりの進路実現をはかる

【Q】オーストラリア研修についてお話しください。

【倉田先生】 ２年生は、希望者のなかから20名を選抜して、オーストラリアへ７日間のホームステイへ行きます。そして、３年生全員のオーストラリア研修では、２年次に選抜された20名が中心となって自主的に研修を行います。これ

年間行事

おもな学校行事（予定）

4月	入学式 ホームルーム合宿（1年）
5月	体育祭
6月	関西研修旅行（5年）
7月	勉強合宿（1・2年）
8月	特別講座（3～6年） オーストラリアホームステイ（2年選抜） 至大荘（游泳訓練 4年）
9月	音楽鑑賞教室（1年） 九段祭
10月	後期始業式 大学学部学科模擬講義（4年）
11月	オーストラリア海外研修（3年）
12月	英語合宿（2年）
1月	区連合作品展（前期課程）
2月	クロスカントリーレース
3月	雅楽教室（1年） 学習発表会　卒業式

部活動

授業風景

九段祭

英語学習

体育祭

は、英語教育だけでなく、リーダー育成をもめざしています。

【Q】進路・進学指導はどのようにされていますか。

【倉田先生】本校では6年間をとおしたキャリア教育が行われています。

1年生では企業にはどのようなものがあるのかを学び、2年生で職場体験をし、3年生では自分の適性をいかす進路について考えます。4年生（高校1年生）では大学の協力を得て校内で大学の授業を受けたり、大学キャンパスを訪問するということも行っています。

また、学力テストや模擬試験、小論文学習などを行い、進学準備にじゅうぶんな配慮をしています。大学進学について、本校のカリキュラムは、国公立・私立、文系・理系のようにそれぞれに対応するクラスをつくるような構成は取っていません。どのようにでも対応できるかたちになっています。ですから、生徒が第1志望とし、本人の資質能力を最大限にいかすことのできる大学へ進学させるなど、生徒一人ひとりの進路実現をはかることが本校の使命だと考えています。

【Q】九段校舎と富士見校舎はどのように使われているのでしょうか。

【倉田先生】九段校舎の道をはさんで向かいにある富士見校舎には、少人数教育を行う教室が設置されています。本校は施設・設備面でも充実しています。温水プールがあるので、游泳訓練となる行事、「至大荘」へ向けて年間をとおした水泳指導ができます。また、九段校舎の屋上には天体ドームがあり、5階は理科室が6部屋あります。

【Q】最後に、どのような生徒さんに入学してほしいですか。

【倉田先生】自分で夢や希望をしっかり持ってほしいですね。そして、その夢や希望に向かって自己実現していく努力が大事なのだと思います。

与えられてやるという部分だけではなく、自分でこれは大事だと思ったら、それにアプローチしてほしい。そして、その課題に取り組むための持続力を持ち努力をしようという気持ちのある生徒に、ぜひ本校に来ていただきたいと思います。

募集区分：区分A（千代田区内在住）区分B（千代田区外の都内在住）
入学者選抜方法：適性検査1（45分）、適性検査2（45分）、適性検査3（45分）、報告書、志願者カード

問2

下の図で、それぞれの四角の左上に記されたアルファベットはコンテナをおろす港、右上の丸で囲まれた数字はコンテナを積む順番を表しています。このコンテナ船は、A、B、C、Dの順番に港に寄ってコンテナをおろしていきます。

下の図のコンテナの積み方には、どのような工《く》夫《ふう》がされているか説明しなさい。

	A ㉟	A ㊱	A ㊲	A ㊳		B ㉖	B ㉗	B ㉘	B ㉙	
A ㉚	A ㉛	A ㉜	A ㉝	A ㉞		B ㉑	B ㉒	B ㉓	B ㉔	B ㉕
C ⑭	C ⑮	C ⑯	C ⑰	C ⑱		D ⑥	D ⑦	D ⑧	B ⑲	B ⑳
C ⑨	C ⑩	C ⑪	C ⑫	C ⑬		D ①	D ②	D ③	D ④	D ⑤

船にコンテナを積むときは、船がかたむかないようにするため、重さを計算し、バランスを考えて積む必要があります。

問3

荷物をいれた重さの異なる5種類のコンテナA、B、C、D、Eが、それぞれ2個ずつ合わせて10個あります。5種類のコンテナの重さは下の表のとおりです。

A	B	C	D	E
12000 kg	16000 kg	20000 kg	24000 kg	28000 kg

ある列には6個のコンテナを積みますが、船のバランスを考えて、コンテナの重さの合計がちょうど108000 kgになるようにしなければなりません。A、B、C、D、Eのコンテナをそれぞれ何個積めばよいでしょうか。その組み合わせを1組答えなさい。

ただし、5種類のコンテナのうち1個も積まない場合は0個と書きなさい。

資料を読み解き表現する

資料2を読み解いておかなければ、問2にとまどいます。コンテナは吊り下げて積み下ろしをするものという認識が必要です。

問題を解決する論理的検証

答えはひとつではありません。問題を解決するための試行錯誤する根気も求められます。

▶2013年度 千代田区立九段中等教育学校 適性検査２問題より

コンテナ船は、行き先が異なるコンテナを一度に大量に運びます。コンテナの積みおろしをするときには、コンテナがなくなったり積みまちがったりしないように注意が必要です。しかし、海上輸送をスムーズに行うためには、大量のコンテナを決められた時間内に、効率よく積みおろさなければいけません。そのために、コンテナ船に積むコンテナの置き場や順番など、事前に計画をたてることが重要です。

［資料２］コンテナ船と積み付け図

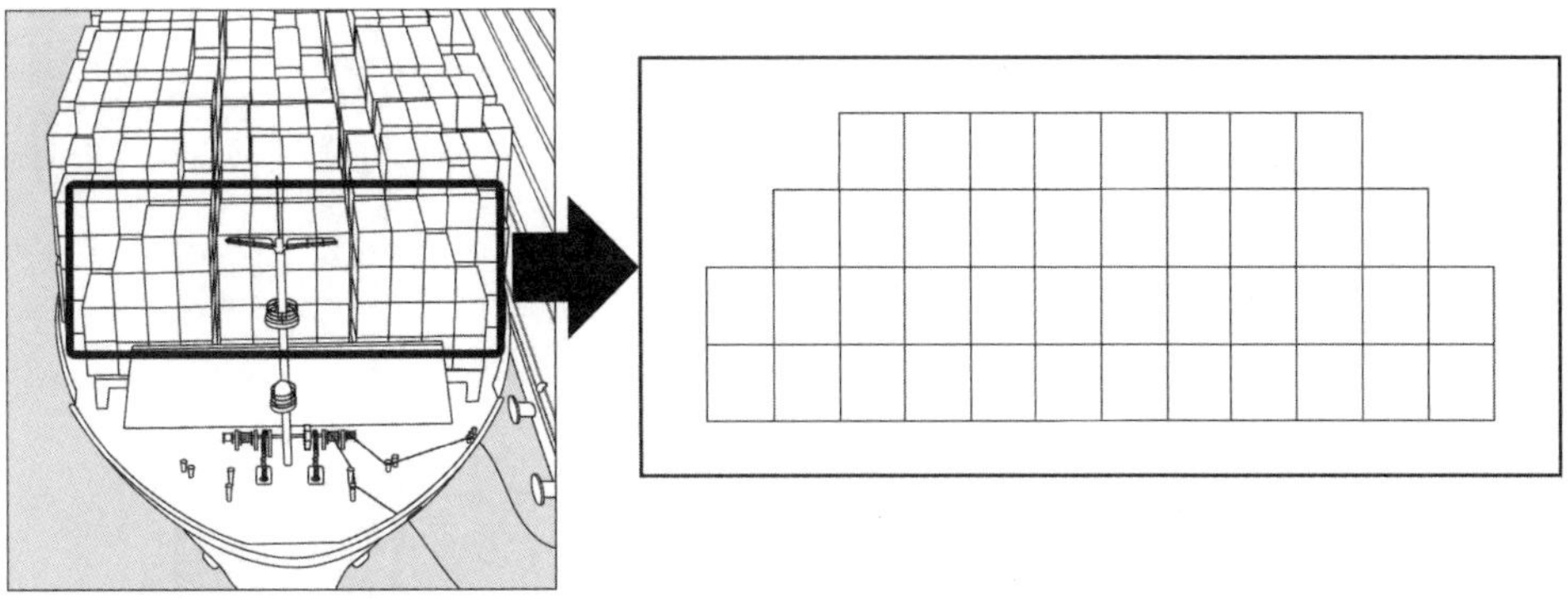

［資料２］は、船のどこにコンテナを置くかを記した積み付け図です。積み付け図は船を正面から見たとき、積まれているコンテナを列ごとに輪切りにした断面図で表され、コンテナはこの列ごとに積まれていきます。この図の四角ひとつがコンテナを表しています。その四角の中には、［図２］のように、コンテナをおろす港、積み込む順番、コンテナを見分けるコンテナ番号、コンテナの種類などが記されています。コンテナは見た目が同じなので、積みおろしの作業はコンテナ番号を確認《かくにん》して進められます。

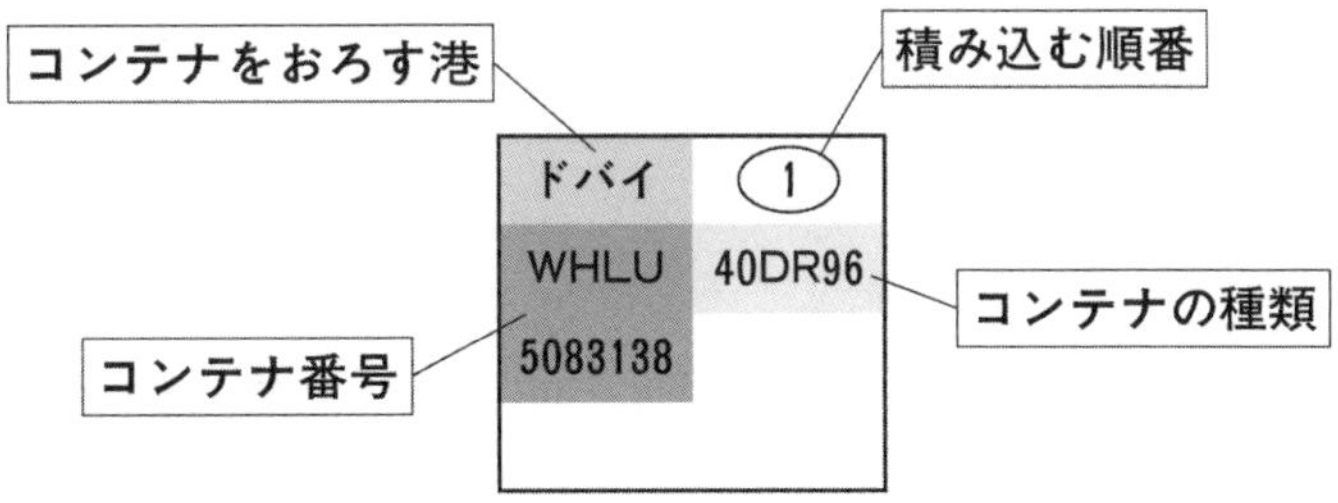

［図２］積み付け図の表記の例

解説

千代田区立九段中等教育学校の適性検査は、小学校で学習した基礎的な内容をベースに、たんに教科の知識量を見るのではなく、以下の４項目で表せるような、学習活動への適応能力、問題解決への意欲や自己の将来展望、時事への興味・関心を試すのが基本です。

「基本」とは言うものの、作文表現や、教科を横断した融合問題は毎年ユニークな問題が並びます。問題量も多く過去問で慣れておかないと、かなりむずかしく感じるものでしょう。この２年間、適性検査２の大問①は放送による聞き取り問題となっています。

【九段がみる4項】①文学的文章や説明的文章などについて理解し、表現する力をみる。　②数量や図形の意味を的確にとらえ、多面的にものを見たり、考えたりする力をみる。　③日常生活に関連する課題を発見し、広い視野から分析し、解決する力をみる。④自己の興味・関心、能力・適性を理解し、将来の生活や生き方を考える力をみる。

東京

東京都立小石川《こいしかわ》中等教育学校

中等教育学校　2006年開校

教育理念「立志・開拓・創作」のもと知的好奇心を刺激し個性と能力を伸ばす

府立第五中学校の流れをくんだ小石川高等学校を母体とする小石川中等教育学校。95年の伝統を誇る教育理念のもと、小石川教養主義、理数教育、国際理解教育を3本柱とした特色あるカリキュラムを実践しています。

学校プロフィール

開　　校…2006年4月

所 在 地…東京都文京区本駒込2-29-29

T　E　L…03-3946-7171

U　R　L…http://www.koishikawachuto-e.metro.tokyo.jp/

アクセス…都営三田線「千石」徒歩3分、JR山手線・都営三田線「巣鴨」徒歩10分、JR山手線・地下鉄南北線「駒込」徒歩13分

生 徒 数…男子244名、女子234名

1 期 生…2012年3月卒業

高校募集…なし

3学期制／週5日制／45分授業

入学情報

・募集人員…（特別枠）5名以内　（一般枠）男女各80名から特別枠募集での入学者を引いた数

・選抜方法…（特別枠）報告書、作文、個人面接　（一般枠）報告書、適性検査（Ⅰ・Ⅱ・Ⅲ）

府立五中からつづく95年の伝統が自慢

【Q】御校設立の経緯をお教えください。

【奈良本先生】２００６年（平成18年）に、都立高校改革推進計画のもと、小石川高等学校を母体として開校しました。

小石川高校は、１９１８年（大正７年）創立の府立五中から連なる歴史と伝統を有する高校です。本校は、府立五中からの教育目標であり校是の「立志・開拓・創作」の精神を受け継ぐかたちで開校しました。府立五中の創立から今年で95年、その間精神は変わらずに一貫しているということですね。

中等教育学校としては、２００６年の開校から８年目をむかえ、今年の春には2期生が卒業しました。

【Q】その府立五中からつづいている校是「立志・開拓・創作」についてお話しください。

【奈良本先生】「立志・開拓・創作」とは、「自ら志を立て、自分が進む道を自ら切り拓き、新しい文化を創り出す」という意味です。自分がどのように能力を発揮し、なにを目的として生きていくかという目標を立てることが「立志」で

奈良本《ならもと》　俊夫《としお》　校長先生

す。そして、その志のもとに自ら進む道を、前人未踏の険しい道のりであっても自分の力で切り拓いていくことが「開拓」であり、新しいものを「創りだそう」とすることが「創作」です。

この教育理念をどうやって具体的に実現させていくかということで、小石川では3つの特色ある教育を用意しています。「小石川教養主義」「理数教育」「国際理解教育」です。

教育理念をもとにこれらの3つの教育を行うことで、生徒一人ひとりの確かな学力を育み、卒業後の進路実現へと結びつけていくことを目標としています。

【Q】「小石川教養主義」とはどういったものですか。

【奈良本先生】 府立五中以来大切にされてきたリベラル・アーツ教育のことを、本校では「小石川教養主義」と呼んでいます。

本校のカリキュラムをご覧いただくとわかりますが、高校段階にあたる後期課程においても、理系・文系に分けることはしていません。生徒は5年生までは全員が全教科共通のカリキュラムを履修します。

これは、広く深い知識に裏付けられた教養を育むことを重視しているからです。小石川の生徒は、1年時から読書活動や言語活動、探求活動などに取り組みます。そして、3年生で週1時間、4年生で週2時間、本校独自の設定科目である「小石川フィロソフィー」を受講します。多様な講座のなかから興味のあるものを選んで受講し、最終的にはそれぞれ自らテーマを設定して論文を作成します。開講される講座は年度によって変わりますが、どれも興味深い内容のものばかりです。

幅広い知識を得て、それを探求活動にいかしてゆく、それを「小石川教養主義」と言っています。

すべての科目を全員が履修すると、どうしても科目数が多くなってしまいます。そのため、45分授業を7時間、週に34時間の授業時間を確保しています。

【Q】6年生のカリキュラムはどのようになっていますか。

【奈良本先生】 5年生まで全員が共通の科目を履修していましたが、6年生は自分の進路を考えていく学年ですので、大幅な自由選択科目として、「特別選択講座」

カリキュラム紹介

1 ３つの分野で興味関心を高める「総合的な学習の時間」

小石川の総合的な学習の時間では、「言語文化（国語・英語）」、「国際理解（社会・英語）」、「自然科学（数学・理科）」の３分野について、１～５年生まで計画的に学習します。「言語文化」は自分の考えを言葉で表現する力・調査力や発表力などをきたえます。新聞記者のかたに話を聞くなどし、最終的にはスピーチコンテストが行われます。「国際理解」は、社会科と英語科のふたつの側面からアプローチし、さまざまな国の文化を学んだり、留学生との交流を行います。また、オーストラリアへの語学研修の前には、オージーイングリッシュ講座が開かれます。「自然科学」の時間は、物理・科学・生物・地学などの科学の基礎について、考え方から顕微鏡の使い方、レポートの書き方まで学びます。

2 学校全体で取り組む ＳＳＨ（スーパーサイエンスハイスクール）教育

小石川のＳＳＨは、一部の教員や学生だけではなく、学校全体で取り組んでいることが特徴です。

サイエンス・カフェ

「学ぶ・語る・発表する・交流する・連携する場」として、大学教授や専門家などを招いてさまざまな話をしてもらう自由参加の講座。年に10回以上開催され、生徒の理数への興味関心を高めることに役立っています。

オープンラボ

放課後や休み時間などに、理科の実験室を生徒の自主的な研究活動の場として開放しています。気軽に理科にかかわる環境を提供し、支援しています。

小石川セミナー

自然科学をはじめとする各分野で、最先端の学問にふれる体験・学習などの多様な教育機会を設けて、知的好奇心や志を高め、豊かで幅広い教養を身につける機会としています。年に数回、土曜日に実施されます。

国内・国外の科学コンテストへの挑戦

さまざまなコンテストに挑戦し、とくにポーランド科学アカデミー主催の「高校生国際物理学論文コンテスト」では９年連続で入選するなどすばらしい成果を残しています。

を用意しています。

こちらも本校独自のもので、多様な講座を設けています。生徒は、自分の希望する進路に応じて選択講座を選ぶことで、効率のよい学習ができるのです。

【Q】「理数教育」の内容についてお話しください。

【奈良本先生】「理数教育」を重視しているのも府立五中からつづく伝統です。その理念がいまでも根付いており、現在では、小石川高校につづいて小石川中等教育学校も文部科学省からＳＳＨ（スーパーサイエンスハイクール）に指定され、通算10年間の指定となっています。

学校全体で理数教育に取り組んでおり、日本学術会議や大学、研究所などと連携し、年間10回以上開催されるサイエンス・カフェ、実験室を開放し生徒が自主的に学べる環境を提供するオープンラボ、土曜日を利用し全校生徒が大学教授や専門家から先端科学の話を聞く小石川セミナー、ポーランド科学アカデミー主催の「高校生国際物理学論文コンテスト」をはじめとした国内・国外の科学コンテストへの挑戦など、さまざまな取り組みが実施されています。

本校独自の取り組みも多いので、これから公立中高一貫校を受けたいと思っている人にとっては、とても魅力的な要素ではないかと思います。

【Q】「国際理解教育」も3本柱のひとつですね。

【奈良本先生】多様な取り組みをとおして、異文化を理解しグローバルな視点でものを見ることのできる人材を育てることが、本校の国際理解教育です。

また、英語をコミュニケーション・ツールとして用いることができるというレベルをめざし、充実した英語教育により、高い英語力を身につけます。

全員参加の体験型学習が多く、2年生では、国内語学研修を実施しています。2泊3日の日程で、少人数グループに分かれて英語漬けの日々を過ごします。

3年生では、オーストラリアで2週間の海外語学研修を体験します。ホームステイをしながら現地の学校へ通うのですが、ホームステイはひとつの家庭に対して生徒がひとりとしています。日本語を話す相手がいない環境で過ごすこ

年間行事

おもな学校行事（予定）

4月	入学式　オリエンテーション 遠足（全学年）
5月	移動教室（1年）
6月	教育実習生進路講話（4・5年） 小石川セミナー①
7月	夏期講習
8月	海外語学研修（3年）夏期講習
9月	行事週間（芸能祭・体育祭・創作展）
10月	宿泊防災体験（4年）
11月	国内語学研修（2年） 小石川セミナー②
12月	
1月	
2月	海外修学旅行（5年）　合唱発表会 （1～3年）　職場体験（2年）
3月	小石川セミナー③

創作展

体育祭

教室

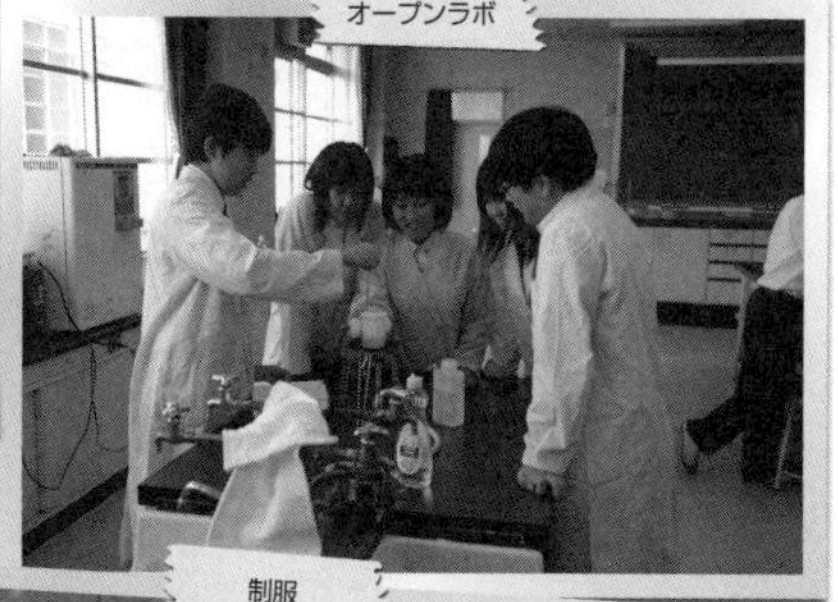
オープンラボ

登校風景

制服

とで、英語を積極的に使う体験をすることがねらいです。現地の高校では、理科の授業を受けるという貴重な体験もできます。海外語学研修は、英語力がつくことはもちろん、異文化理解にもつながり、この経験を経てひとまわり大きく成長することができるのです。

　5年生ではシンガポールへの海外修学旅行があります。そのほか、留学生の受け入れや英検取得への取り組みなど、充実した英語教育が用意されています。

3つの行事を行う 小石川の行事週間

【Q】9月にある行事週間が有名です。詳しくご説明ください。

【奈良本先生】 本校には、9月に行事週間という「芸能祭」・「体育祭」・「創作展」を1週間で3つ行う期間があります。

　まずは「芸能祭」があります。これは、おもに舞台発表で、ダンスや音楽などを発表します。文化系の部活動の発表の場となっていますが、有志の参加者も多いのが特徴で、参加グループをオーディションで選ぶほどさかんです。昨年までは本校の体育館で行っていましたが、今年度からは日比谷公会堂で行います。

　週の真ん中には「体育祭」を行います。そして土日に、「創作展」というクラスの展示発表会を行います。3年生以上はほとんどが演劇発表を行うのが伝統となっています。とくに最高学年である6年生の演劇は、内容はもちろん大道具などの舞台美術もレベルの高い内容となっています。

　1週間に大きな行事が3つというと、ものすごいエネルギーを使います。行事の運営は基本的に生徒たちが主体となって行っており、自ら志を立てて、創作し、新しい文化をつくりだすという流れが伝統となっているのです。

【Q】最後に、どのような生徒さんに入学してほしいですか。

【奈良本先生】 やはり、知的好奇心の強いお子さんに来てほしいという思いが一番にあります。

　「これはどうなっているのかな?」「ほんとうにそうなのかな?」といろいろな角度からものごとに興味を持って考えることのできる人がいいですね。本校では、生徒の好奇心を大切に育む環境を用意しています。

東京都立小石川中等教育学校

募集区分：特別枠・一般枠
入学者選抜方法：【特別枠】作文(45分)、面接(25分程度)、報告書【一般枠】適性検査Ⅰ(45分)、適性検査Ⅱ(45分)、適性検査Ⅲ(45分)、報告書、志願理由書

ひろこさんは**お母さん**と、なぜサケが自分の川に戻ってくることができるのかという話をしています。

ひろこさん：サケはどうして、自分の川に戻ってくることができるのかしら。
お母さん　：川のにおいの記憶《きおく》に従《したが》って、さかのぼる川を決めているらしいわ。
ひろこさん：川のにおいってどういうことかしら。
お母さん　：サケは川の水にとけている物質の違《ちが》いが分かるのよ。これを川のにおいというの。
ひろこさん：サケは生まれたときには、自分が戻る川が分かっているわけではないのね。
お母さん　：サケは稚魚になって、川を下っていく途《と》中《ちゅう》で、その川のにおいを覚えるらしいの。
ひろこさん：それはどうやったら確かめられるのかしら。

［問題３］ サケは生まれたときには、自分が戻る川が分かっているわけではないことを確かめるには、どのような実験をすればよいと思いますか。答えは次の①、②の順に書きなさい。

① 実験の方法
② 予想される実験結果

身につけた知識で課題解決

問題文の意味をとらえ、これまで身につけてきた知識や経験をもとにして、課題を分析し解決する力をみます。

日常から自然に興味があるか

サケと川の関係をイメージできているか、問題を発見し解決する論理的な思考力が試されます。さらに表現力もみています。

▶2013年度 東京都立小石川中等教育学校 適性検査問題Ⅲより

ひろこさんは家に帰ってから、**お母さん**にサケの話をしました。

ひろこさん：サケが自分の川に戻ってくるというのは、はっきりと分かっていることなのかしら。

お母さん：ある科学者の調査では、50万びきのサケの稚魚に目印を付けて放したところ、数年後に産卵《さんらん》のために戻ってきたサケのうち、放した川の河口に近い沿岸《えんがん》で見つかったのが1625ひきで、放した川では269ひきが見つかったそうよ。

ひろこさん：50万びきのうち、たった269ひきが戻っただけで、サケは放した川に戻ると言えるのかしら。

お母さん：269ひきしか戻らなかったわけではないのよ。見つかったのが269ひきだったということね。でも、稚魚の多くは成長する前に、ほかの魚に食べられたり、病気になったりして死んでしまうから、実際にこの調査ではサケがどれくらい生き残って戻ってきたかは分からないわね。

ひろこさん：それにしても、50万びきのうち、放した川で見つかったのは269ひきしかいないのに、放した川に戻るという結論《けつろん》になるのは不思議だわ。

［問題２］　この科学者の調査だけでは、放した川にサケが戻ってくるとは言えません。ほかにどのような調査をしたらよいと思いますか。答えは次の①、②の順に書きなさい。

①　調査の内容
②　予想される調査の結果

解説

都立小石川中等教育学校の入学者選抜「一般枠」では、報告書と適性検査Ⅰ・Ⅱのほかに適性検査Ⅲが課されます。報告書（400点満点）は換算して200点満点に、適性検査Ⅰ・Ⅱ・Ⅲは、それぞれ100点満点を倍に換算して各200点満点の計600点満点とし、総合成績は報告書の点数と合わせ800点満点で評価します。

適性検査Ⅰでは、文章を熟読し、それを自己の経験などに照らしあわせて、深く考え、文章に表現する力をみます。

適性検査Ⅱでは、資料の分析をつうじて、小石川生として学校をもりたてていく意欲をみるとともに、日本や世界のことについて考察する力や、考えを表現する力をみます。

適性検査Ⅲでは、身近な事象をつうじて、分析力や思考力、判断力などをいかして、課題を総合的に解決できる力をみます。

適性検査Ⅲが試している力は、日常からいろいろな身近なできごとに科学的な興味を持つようにして養いましょう。

東京都立《たち》川《かわ》国《こく》際《さい》中等教育学校

2008年開校　中等教育学校

国際理解教育を推進し
グローバルリーダーを育成

都立の中高一貫校のなかで唯一「国際」という名称を冠する立川国際中等教育学校。さまざまなバックグラウンドを持つ生徒が集う学び舎で、真の国際理解教育が日々行われています。

学校プロフィール

開　　校…2008年4月
所 在 地…東京都立川市曙町3-29-37
Ｔ Ｅ Ｌ…042-524-3903
Ｕ Ｒ Ｌ…http://www.tachikawachuto-e.metro.tokyo.jp/
アクセス…ＪＲ中央線「立川」・多摩都市モノレール線「立川北」バス
生 徒 数…男子441名、女子485名
１ 期 生…６年生（高校３年生）
高校募集…なし
３学期制／週５日制／50分授業

入学情報
・募集人員…（一般枠）男子65名、女子65名　計130名
（海外帰国・在京外国人生徒枠）　男女合計30名
・選抜方法…（一般枠）報告書、適性検査（Ⅰ・Ⅱ）
（海外帰国・在京外国人生徒枠）
成績証明書等、面接、作文〈※面接、作文は日本語または英語による〉

都立中高一貫校唯一の「国際」中等教育学校

【Q】御校の教育目標・理念について教えてください。

【信岡先生】「国際社会に貢献できるリーダーとなるために必要な学業を修め、人格を陶冶《とうや》する」ことを教育目標としています。そして、これを実現するために、生徒一人ひとりが、国際社会に生きる自覚を持ち、自ら志を立て未来を切り開いていく「立志の精神」と、自らの考えを明確に持ち、それを表現する能力とともに異なる文化を理解し尊重する「共生の行動力」を身につけ、主体性を発揮するなかで、達成感や連帯感など「感動の共有」ができる教育を理念としています。

【Q】学校はどのような雰囲気なのでしょうか。

【信岡先生】本校は「国際」という名前がつくように、毎年30名の海外帰国生・在京外国人生徒を受け入れています。アメリカやロシアなど、現在は6学年で36の国と地域から集まっています。これらの生徒は、一般枠130人の生徒と区別はせずに、混成クラスにしています。これが他の学校にはない特色です。

信岡《のぶおか》　新吾《しんご》 校長先生

いろいろな国や地域での生活経験がある子どもたちが日常的にいる環境です。本校の生徒たちは、生活習慣や価値観、判断基準がそれぞれちがうなかでいっしょに生活しているので、異文化への理解、異なることに対する理解に非常に長けています。中学1年という早い年代から、こうした環境で過ごすことができることは非常に大切だと実感しています。

教養主義をかかげ 総合力をつける学習課程

【Q】御校のカリキュラムを教えてください。

【信岡先生】 3学期制の50分授業で週5日、毎日6時間あります。土曜日は土曜授業を前期課程で月1回程度、後期課程で月2回程度行っています。

教育課程としては、6年間を3ステージに分け、1～2年を「BUILD」、3～4年を「CHALLENGE」、5～6年を「CREATE」と名付けています。

「BUILD」の2年間は、まずしっかりとした基礎学力と自律した生活習慣を身につけることがメインになります。

本校は6年一貫教育ですから、高校受験や、高校に入ってから中学校の復習をする必要がありません。ですから、1～2年で基礎学力と生活習慣を身につけることで、「CHALLENGE」（3～4年）の時期に、学習のスピードを飛躍的にあげることができます。そして、同時に高度化していく学習内容にも挑戦していけるのです。

この4年間で得たものを持って、「CREATE」の時期に進路、そして社会にでてからの自分を創造していきます。

いまは総合力が求められる時代です。英語だけ、数学だけができればいいというものではありません。国際社会にでたときにもさまざまなことを知っておく必要があります。そのために本校では教養主義をとっており、必履修の科目が多く、文理でクラスを分けることはしません。6年（高3）の選択科目で進路に沿って文理に分かれます。

英語と数学は基礎学力の定着をはかるため、1・2年生で標準時数より多く学習し、習熟度別授業を取り入れています。

1・2年の数学はチームティー

カリキュラム紹介

1 「国際」として充実した英語教育、国際理解教育

立川国際中等教育学校では、国際社会で活躍するために必要な英語力を全員が身につけられるよう、チームティーチングや習熟度別の授業が展開されるなど、さまざまな工夫がなされるほか、多くの行事が用意されています。

「少し早いと思われますが、単語のやりとりだけでも、英語で意思の疎通ができた、つうじたという思いを早めに体感してほしい」（信岡校長先生）という意図のもと、1年生の7月に全員で2泊3日の英語合宿を行います。

朝起きてから夜寝るまで、小グループに分かれて、外国人のインストラクターとともにすべて英語で過ごします。

2～3年生では、夏休みに希望制で「イングリッシュサマーセミナー」が行われます。これは4日間学校に通い、その間はすべて英語で過ごすというものです。小グループに分かれ、テーマを決めてプレゼンテーションやディベートを行います。

そして、5年生では全員が5泊7日のオーストラリアへの海外研修旅行に行きます。来年からはホームステイになる予定です。ここでは、グループに分かれ事前学習に沿って現地をリサーチするほか、屋外ステージを使用して、日本文化のプレゼンテーションを行います。

また、今年度から東京外国語大と高大連携の協定を結び、出前授業や外国人留学生との交流など、これまで以上に、国際交流がさかんに行われるようになりました。

2 日本文化を知り、理解する校外学習・研修旅行

自国の文化を知らなければ、海外の文化を理解したり、比較したりすることはできません。

そのために、3年生では校外学習で鎌倉を訪れ、自国文化のすばらしさに触れます。また、10月には国内研修旅行で奈良・京都を訪れ、日本の歴史や文化への理解をさらに深めます。こうした体験をもとに、5年生の海外研修旅行でのプレゼンテーションにつなげていきます。

チングでふたりの教員が生徒の状況を把握し、いつでもフォローアップができる態勢をとっています。3年からは習熟度により2クラスを3展開した授業になり、6年生は選択で授業が分かれます。

英語は1年で1クラス2展開と2クラス3展開、2年では2クラス3展開で授業を行っています。

これまで日本のプログラムで学んできていない帰国生や在京外国人生徒たちのために、国語や社会などの科目については、毎週火曜日に先生に相談できる場を用意しています。

【Q】今年で6学年がそろい、これまで中高別々に行っていた体育祭もいっしょに行われましたね。

【信岡先生】今年初めて6学年がそろって体育祭を行いました。5・6年生の迫力ある競技を1・2年生が見ていたり、上級生が1・2年生を背負って走る競技があったり、年下の生徒に対して気を配っているようすなど、縦割りで異年齢の集団が協力しあっている姿は中高一貫教育でしか見られないものです。グラウンドが狭いので一般公開はむずかしいですが、ほんとうにいい体育祭でした。

【Q】文化祭も中高合同で行われるのでしょうか。

【信岡先生】そうですね。9月に2日間かけて行います。ただ、文化祭はクラスでの発表がメインになります。こちらは両日とも一般公開となっています。

進学先の視野には海外の大学も

【Q】来年、1期生が初めて卒業しますが、進路指導などはどのように行われていますか。

【信岡先生】キャリア教育は1年から6年間をかけて体系的に行っています。1年で職業調べ、2年で職場体験などを行うことで、勤労観や職業観を深め、自己の特性や必要とされる能力を伸ばす姿勢を養います。自分の将来像を意識し、4年生から大学のオープンキャンパスや模擬授業を体験することで、自分が将来なにになりたくて、そのためにはどこで学べばよいかを考え、大学や学部を決めていきます。自分の夢を見つけるための行事が多くあり、指導する教員もそろっているので、しっかりとした指導ができています。

夏休みには、夏期講習を6週間

年間行事

おもな学校行事（予定）

4月	入学式　対面式
5月	土曜講座（国際理解）　校外学習 キャリア教育（1・2年）
6月	農村体験（2年） 英語検定　体育祭
7月	英語合宿（1年）　職場体験　海外研修旅行（5年） イングリッシュサマーセミナー（2・3年）
8月	漢字検定
9月	文化祭
10月	国内研修旅行（3年） 英語検定　生徒総会
11月	土曜講座（キャリア教育）国際理解 （1・2年）　芸術鑑賞教室
12月	職場体験（2年）
1月	
2月	英語発表会
3月	合唱祭

体育祭

農村体験

文化祭

英語授業

合唱祭

行います。そのため6年生だけで72講座を開講します。どんな講座を開くかは、4月に会議を行い、6年生一人ひとりの学習状況を分析、確認し、共通認識を持って生徒たちに必要な講座を各教科で設定しました。したがって、非常にバラエティに富んだものになっています。「これほど夏期講習が充実しているとは思わなかった」「受験に対するモチベーションがあがった」と言ってくれる生徒もいるほどです。

【Q】生徒によく話されているのはどんなことでしょうか。

【信岡先生】進学というのは、自分の学力でどこに行くかを選ぶのではなく、いちばん大事なのは、自分が将来なにになりたいかを明確に持つことだと伝えています。そこから、どこでなにを学ぶか、を考えていくのです。

　偏差値が高い、希望者が多い大学というのは、それだけの内容や価値があるということです。大学を選ぶときに、明日試験があるのであれば、いまの学力でしか選べませんが、試験がまださきにあるのであれば、上限を決めずにとことん上をめざしてほしいですね。

　今後は、国内の大学はもちろんですが、国外の大学に進学したいという生徒もいますので、そのフォローアップも万全にしていく予定です。本校は都立高校で唯一、海外の国公立大学（オーストラリア、アメリカ、カナダ、イギリスから選択）への指定校推薦枠2名を持っています。条件が合えば、この枠を使って海外の大学に進学することも可能です。

【Q】適性検査で重視するのはどんなところでしょうか。

【信岡先生】適性検査は学力試験ではありませんので、問題を読み取って、考え、それをどう表現するか、というところを見ています。帰国生・在京外国人生徒は別のテストで論述と面接だけです。

　どちらも課題に対して自分の考えをまとめて、書く練習をすることで、論理的に考え、伝えることができるようになると思います。

【Q】受検生へのメッセージをお願いします。

【信岡先生】本校は、6学年という異年齢集団で、多様な価値観を持った生徒たちといっしょに学校生活ができ、将来の選択肢がグローバルに広がる学校です。

東京都立立川国際中等教育学校

募集区分：海外帰国・在京外国人生徒枠／一般枠
入学者選抜方法：【海外帰国・在京外国人生徒枠】面接（20分程度）、作文（45分、日本語または英語による）、成績証明書等　【一般枠】適性検査Ⅰ（45分）、適性検査Ⅱ（45分）、報告書

のぶお：世界で生産されている小麦の１０％はアメリカ産ですね。

ゴメス：アメリカは世界の小麦の総輸出量にしめる輸出量の割合が４か国中最大です。

のぶお：アメリカの生産量は６．８億トンの１０％だから０．６８億トンですね。輸出量は何億トンになりますか。

ゴメス：１．３億トンの２３％だから、０．２９９億トンです。

さくら：生産される小麦のうち、輸出される割合を「輸出率」とします。この輸出率を出して、それぞれの国の小麦さいばいの特ちょうを考えてみましょう。

ゴメス：アメリカは生産量が０．６８億トン、そのうち輸出されるのが０．２９９億トンだから、輸出率は約４４％です。

のぶお：ロシアの輸出率を計算してみたら、約１９％になりました。アメリカに比べてロシアは国内消費向けに小麦さいばいをしているのですね。逆にロシアに比べて、アメリカは輸出品として小麦がさいばいされている面が大きいことがわかりますね。

【問題１】　次の**表１**は、**資料１**から**資料３**をもとに、のぶおさん、さくらさん、ゴメスさんが小麦の生産量・輸出量・輸出率をまとめたものです。カナダの生産量と輸出量と輸出率を計算しなさい。輸出率は百分率で表し、小数第２位を四捨五入《ししゃごにゅう》して答えなさい。また、小麦の生産量と輸出率に着目し、カナダと他の３か国を比べて、カナダの小麦さいばいの特ちょうを書きなさい。

［表１］　小麦主要生産国の生産量・輸出量・輸出率

	生産量（億トン）	輸出量（億トン）	輸出率（%）
アメリカ	0.680	0.299	44.0
ロシア	0.612	0.117	19.1
フランス	0.408	0.156	38.2
カナダ			

資料を読み取り理解する

小麦をテーマにした３つのグラフから情報を的確に読み取り、４国の生産－輸出の特徴までをとらえられるかをみます。

得た情報からなにを読み取るか

輸出率の算出が理解できているか。そこから読み取れる情報を分析し、他者にわかりやすく伝えられる力をみます。

▶2013年度 東京都立立川国際中等教育学校 適性検査問題Ⅰより

3 のぶおさん、さくらさん、ゴメスさんは夏休みの自由研究で、世界の地理について調べることになりました。それぞれが図書館で調べた資料を持ち寄り、話し合っています。

さくら：**資料1**、**資料2**、**資料3**を見てください。**資料1**は、世界の小麦の総生産量と総輸出量をグラフにしたものです。**資料2**は、世界の小麦の総生産量にしめる4か国の生産量の割合《わりあい》、**資料3**は、世界の小麦の総輸出量にしめる4か国の輸出量の割合をグラフにしたものです。

［資料1］　世界の小麦の総生産量と総輸出量（2008年）

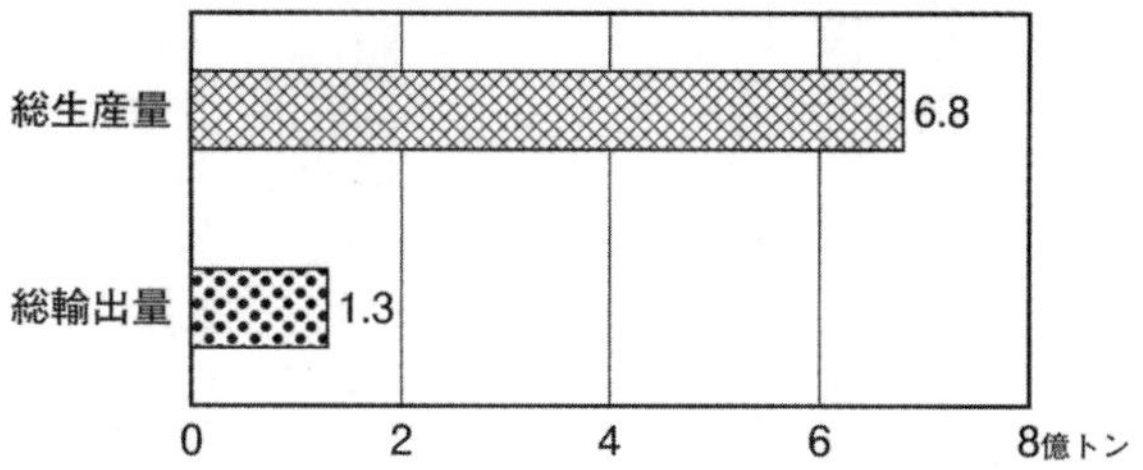

（世界国勢図会《ずえ》より作成）

［資料2］　世界の小麦の総生産量にしめる4か国の生産量の割合《わりあい》（2008年）

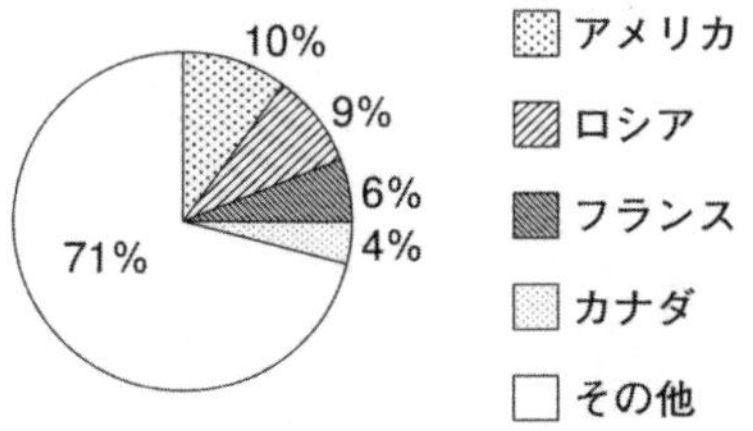

（世界国勢図会より作成）

［資料3］　世界の小麦の総輸出量にしめる4か国の輸出量の割合（2008年）

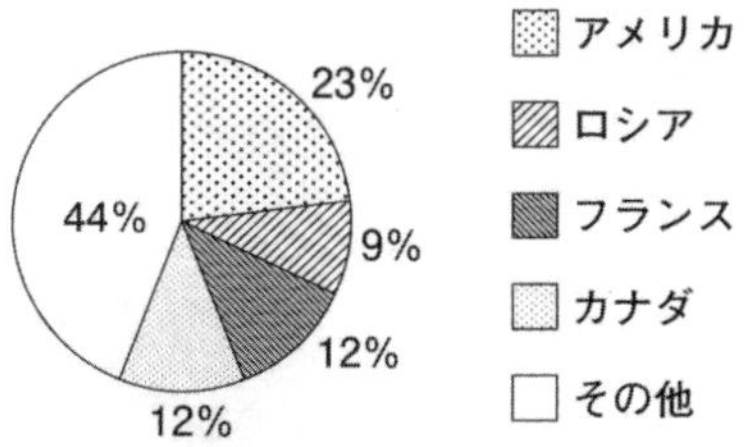

（世界国勢図会より作成）

解説

都立立川国際中等教育学校・一般枠では、報告書320点を200点に換算、適性検査Ⅰを500点に換算、適性検査Ⅱを300点に換算して、総合得点1000点で判定します。

適性検査では、ほかの都立中高一貫校と比較してより読解力を重視しているようにみえます。

適性検査Ⅰは国・算・社・理の要素を含む融合問題で、資料の内容を読み取り、そのなかから必要な情報を集積、分析する力をみます。また、課題を的確に理解し、論理的に考察・処理する力をみます。

適性検査Ⅱは長文読解で、その長文の主張を読み取る力と、そこから生まれる自分の考えを、作文として他者に伝える表現力をみます。

適性検査Ⅰでは問題文に外国人が登場することがほとんどで、日本人とのコミュニケーションを題材にしながらの出題、適性検査Ⅱでは他者にわかりやすく伝える表現をテーマにした課題文となります。

東京都立白鷗《はくおう》高等学校附属中学校

併設型　2005年開校

日本の伝統文化を理解する国際社会で活躍できるリーダーを育成

「辞書は友達、予習は命」を合い言葉に毎日の授業に真剣に取り組む白鷗高等学校附属中学校。その「開拓精神」のもと、きめ細やかな指導をモットーに優秀な人材を輩出し、地域の信頼に応えています。

学校プロフィール

開　　校…2005年4年
所 在 地…東京都台東区元浅草3-12-12
T　E　L…03-5830-1731
U　R　L…http://hakuo.ed.jp/
アクセス…都営大江戸線・つくばエクスプレス「新御徒町」徒歩7分、都営大江戸線「蔵前」・地下鉄銀座線「田原町」徒歩8分、都営浅草線「蔵前」徒歩12分
生 徒 数…男子228名、女子253名
1 期 生…2011年3月卒業
高校募集…あり
3学期制／週6日制／50分授業
入学情報
・募集人員…男子80名、女子80名 計160名
・選抜方法…（特別枠）報告書、面接、実技検査〈区分B　囲碁・将棋等〉
（一般枠）報告書、適性検査（Ⅰ・Ⅱ）

きめ細やかな指導と進取の気概を持った教育

【Q】設立の経緯と沿革についてお聞かせください。

【若井先生】東京都立白鷗高等学校の創立は1888年（明治21年）に、小学校の教員への道を女子にも開くこと、女子一般の教育を改良・向上することを目的として東京初の府立高等女学校として開校したのが始まりです。それから学制改革に伴い、白鷗高等学校と改称し、男女共学になり、2005年（平成17年）に都立で初となる中高一貫教育校として附属中学校が開校しました。すでに120年を超える長い伝統を誇る学校です。

創立以来、教育理念として「開拓精神」を掲げ、自らの意志と努力をもって自己を開発していく精神、いかなる苦難にも耐えて自己の人生を切り開いていく力、社会の進展に寄与する旺盛な意欲を持つ生徒の育成をめざしています。これまできめ細やかな指導と進取の気概を持った教育を実践し、幾多の優秀な人材を輩出しつづけてきました。

そして9年前に附属中学校に入学した生徒は、今年で大学3年生

若井《わかい》　文隆《ふみたか》 校長先生

になりました。多感な6年間をこの「白鷗」で学ぶことで、一人ひとりの生徒が無限の可能性にチャレンジしています。

【Q】学習指導についてお聞かせください。

【若井先生】 都立白鷗高等学校附属中学校（以下、白鷗）は「辞書は友達、予習は命」を合い言葉に、日々、学習に励んでいます。この合い言葉は1時間ごとの授業を大切に毎日を過ごすということです。授業を担当する先生も、また授業に参加する生徒も、1時間ごとの授業を大切にし、真剣に取り組んでいます。

辞書を活用することは能動的に学ぶ姿勢の表れであり、かならず予習をして授業にのぞむことは、主体的に授業に参加していくことへとつながります。

「白鷗の授業は高密度である」という評価も、こうした日々の努力に支えられているからでしょう。地道に日々努力することの大切さを理解し、着実な学力伸長を成し遂げています。

さらに、各自の到達度に応じて、必要がある場合には放課後などを活用した補習も実施し、一人ひとりが学習内容をしっかりと理解できるまで、教員は教えることをつねに心がけています。

国際理解教育で世界のリーダーを育成

【Q】御校の教育の特徴をお教えください。

【若井先生】 本校は、古きよき時代の江戸情緒を色濃く残している『上野・浅草地区』のほぼ中間に位置しています。日本の文化を理解し、世界のなかでの日本人としてのアイデンティティを育み、将来は国際社会で活躍できる生徒を育てる国際理解教育に力を入れています。

その一例をあげると、音楽室にはひとり一丁の三味線が用意されています。卒業までの6年間で、生徒全員が三味線を弾けるようになります。また、畳をしきつめた和室も完備されて、作法や茶道などに日々活用されています。

日本文化を深く理解し、日常体験として身につけたうえで、広く国際的な視野を広げるため、海外短期留学、海外修学旅行なども企画されています。こうして日本文化を理解した国際人として豊かな

カリキュラム紹介

1 国公立大学受験に対応できるカリキュラムを提供

白鷗高校のカリキュラムは、基本的には5教科7科目の国公立大学受験に対応できる内容となっています。土曜日も4時間授業を実施しています。

また、中学校では週2回、15時15〜40分の25分間の「白鷗タイム」があります。これは火曜日と金曜日の6時間目のあとに組みこまれており、読書指導や学習の補充にあてられています。

授業では発展的な内容を多く含む学習内容を取り入れています。英語と数学では習熟度別授業を実施し、きめ細かい指導を行います。指名数学補習や指名英語補習もあります。

こうした成果が中高一貫教育校1期生の高い国公立大学合格率に表れています。

2 特色ある選択教科と学校設定教科、各教科の細かい学習目標

特色のある選択教科として、社会と自分のかかわりについて、新しい視点から学ぶ「社会と私」や、さまざまな場面の表現能力を高める「プレゼンテーション」などがあります。さらには、高校でも日本伝統文化を広い視野から学ぶ「日本文化概論」などの学校設定教科・科目も学ぶことができます。

このほか、国語は百人一首の暗唱に力を入れています。また、漢字検定を受検し、語彙《ごい》の習得に力を入れています。

数学も、数検への挑戦を積極的に行い、そのための補習も実施しています。

英語は話す・書く・聞く・読むの4技能すべての能力向上をはかります。そのため、英語スピーチや英語プレゼンテーションも取り入れています。

そして、3年生までに全員が英検準2級の資格取得をめざしています。

このように教科ごとに細かく目標を立て、それに向けて毎日の授業を大切にしています。

人間性を育み、世界に羽ばたくリーダーを中高6年間で育んでいます。

【Q】都立で初となる中高一貫教育校での苦労などはありましたか。

【若井先生】 2010年で計10校となった都立中高一貫教育校のなかで、白鷗はいち早くスタートしました。開校当初は、6年間を見据えた公立中高教育という視点の実践は、かならずしも平坦なものではなく、試行錯誤の連続でした。

しかしながら、「開拓精神」を校是として掲げる白鷗は、6年間をトータルで考え、生徒の基礎学力を伸ばしつつ、国際社会で活躍できるリーダーの資質としてなにが必要か、そして、そのための人間的な力量を身につけさせていく教育を模索しつづけました。こうした試行錯誤のなか教育活動を展開してきたこの9年間を振り返ってみると、確実に生徒は育っているという自信はあります。

【Q】校舎がふたつありますが、これについてお聞かせください。

【若井先生】 校舎が離れているデメリットは、両校舎間を移動しなければならない教員が大変だということですが、そのために自転車を用意しています。

逆にメリットは、1年生と2年生は東校舎で学び、3〜6年生（中3〜高3）は西校舎で学んでいます。この東校舎の存在は本校を支える重要な要素となっています。なぜなら、小学校を卒業したばかりの新入生に2年間、自由に伸びのびとした環境を用意できるからです。校庭、図書館、実験室などの施設もそろっており、それらを活用して、生活習慣の体得、あるべき学習姿勢の涵養《かんよう》がなされています。この2年間で『学びの基礎』をじっくり身につけることができます。その結果、中1・中2でも「平日の自宅での学習時間は平均2時間」を確保できています。

中高一貫教育校ですが、このようなふたつの離れた校舎があり、それぞれの成長に応じた教育活動が展開され、それが有効に機能しているのは、どこにも負けない特色だと誇りに思っています。

義務づけている英語検定と漢字検定

【Q】授業についてお聞かせください。

年間行事

おもな学校行事（予定）

4月	入学式
5月	体育祭　校外学習（1～3年）
6月	
7月	スポーツ大会　宿泊行事
8月	海外短期留学（3・4年希望者） 農林体験学習（2年）
9月	白鷗祭（文化祭）
10月	生徒会選挙　修学旅行（3年） 職場体験
11月	校外学習（1年）　職場体験（2年）
12月	
1月	百人一首大会 芸術鑑賞会（1～5年）　校外学習
2月	合唱コンクール　校外学習
3月	スポーツ大会（1～5年）卒業式

体育祭

文化祭

農村体験

授業風景（理科）

合唱コンクール

国際交流

【若井先生】 本校の教育課程は英語・数学・国語などに比重をおいたものになっています。英語は1クラス2展開、数学は1・2年が2クラス3展開、3年は1クラス2展開の小人数習熟度別授業で行っています。

また、入学時点において、一般枠だけではなく特別枠での入学生がいることも白鷗の特徴です。

たとえば、中学入学時点ですでに英語検定2級（高校3年修了程度）を取得しているような生徒に対しては、一般の生徒よりも発展的な授業を実施しています。さらに、中学生は授業外においても英語検定と漢字検定の受検を義務づけています。

【Q】学校行事はどのようなものがありますか。

【若井先生】 1年生は学校周辺をボランティアの人に案内してもらう校外学習や、2泊3日の宿泊行事でプレゼンテーションを学びます。また、地域で長くつづく工房を訪ねて伝統工芸を体験する機会もあります。2年生は農村生活体験、学校近隣の事業所に行き、職場を実体験する職場体験があります。3年生では修学旅行で京都・奈良を訪れ、比叡山に登ります。

3・4年生では希望者がオーストラリアに2週間の語学短期留学でホームステイを行い、それをうけ、5年生では海外修学旅行が実施されます。これは異文化交流だけではなく、キャリア教育としての視点から行っています。

本来、学校の姿とは勉強をするところです。学習を柱として、学校行事も部活動も、学びの一貫としてとらえるべきです。しっかりと勉強することを前提とした学校生活を送ってほしいと願っています。

【Q】最後にメッセージをお願いします。

【若井先生】 だれしもが夢を持っています。その夢をかなえることができる学校が白鷗高等学校附属中学校です。

生徒は多くの仲間と夢や将来を語り合い、お互いが切磋琢磨しながら「辞書は友達、予習は命」を合い言葉に、進路実現に向け真剣に授業に取り組んでいます。

みなさんにとって大切な6年間を白鷗高等学校附属中学校で、私たちといっしょに過ごしませんか。

東京都立白鷗高等学校附属中学校

募　集　区　分：特別枠・一般枠

入学者選抜方法：**【特別枠】**〈区分A〉面接（15分程度）、報告書〈区分B〉実技検査（45分）、面接（15分程度）、報告書 **【一般枠】** 適性検査Ⅰ（45分）、適性検査Ⅱ（45分）、報告書、志願理由書

先生：はい。例えば、東京スカイツリーにかかる虹のアーチは、夕方の時間帯に地上から見えますが、夏の時期で太陽がほぼ頭の真上にある時間帯には見ることができません。

美咲：太陽の位置によって、空にかかる虹のアーチがどの方角に見えるのか、または見えないのかが決まるんですね。

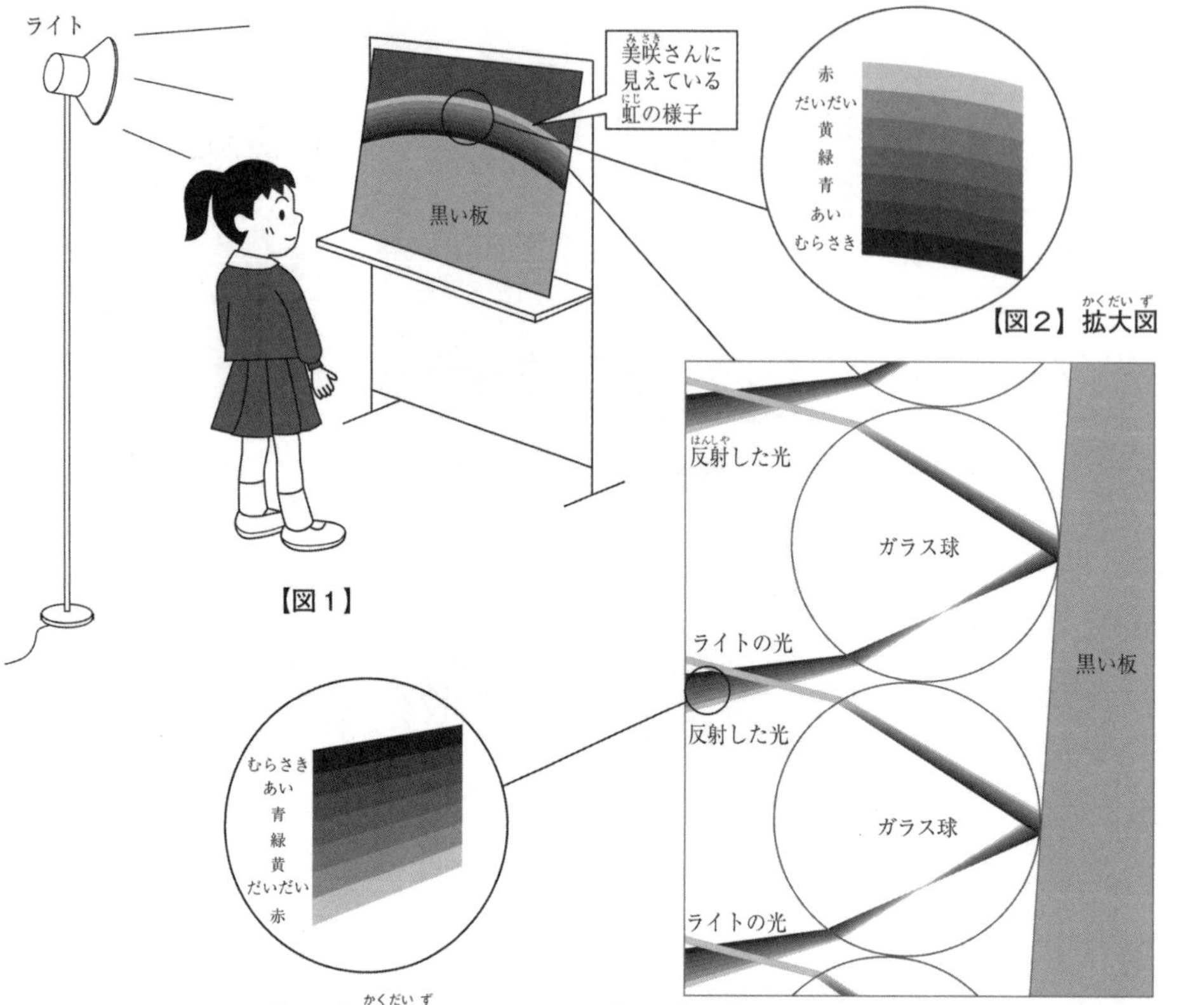

【図1】

【図2】拡大図《かくだいず》

【図4】拡大図《かくだいず》

【図3】ある角度でガラス球に入ったライトの光がガラス球で反射《はんしゃ》した様子の拡大図《かくだいず》

［問題1］ ① にあてはまるものを書きなさい。

［問題2］ ②ぼくが見た虹《にじ》のアーチは、一番上が赤色に、一番下がむらさき色になっていて、いま先生のおっしゃった色の順番と逆でした。とありますが、先生が説明した反射《はんしゃ》した光と、空にかかる虹のアーチとで、色の順番が逆になる理由を、会話文と【図1】～【図4】をふまえて具体的に説明しなさい。

［問題3］ ③よく夕方の空にかかる虹《にじ》のアーチを見たことがあります。とありますが、空にかかる虹のアーチがよく夕方の時間帯に見える理由を、会話文と【図1】～【図4】をふまえて具体的に説明しなさい。また、このとき虹が東西南北のどの方角に見えるかも答えなさい。

知識を駆使して疑問を解決する

課題となった会話を読み取って理解し、与えられた条件のもとに判断して規則性を見いだして思考する力をみています。

問題を解決し表現する力

会話文と問題文を吟味して考え、その結論を他者にわかりやすく伝える表現力もみています。理科の知識も確認します。

▶2013年度 東京都立白鷗高等学校附属中学校 適性検査問題Ⅰより

優太《ゆうた》君と美咲《みさき》さんは、白鷗《はくおう》高校附属《ふぞく》中学校の一年生同士です。以下の会話文は、二人が入学してからの一年間を、担任《たんにん》の先生といっしょにふり返っている内容です。

1 から 3 の会話文を読んで、図や表に基《もと》づいて、問題に答えなさい。

1

美咲：昨年の５月に金環《きんかん》日食が見られたわ。

優太：ぼくたちの中学校からも観測できたね。朝早くから校庭や屋上に中学生が集まって、金環日食を観測することができたね。

美咲：東京スカイツリーのてっぺん近くで金環日食が始まったのには感動したわ。

優太：ぼくも感動したな。その後、東京スカイツリーにかかった虹《にじ》のアーチもニュースになったね。

美咲：そうだったわね。そういえば、虹はどうして見えるのかしら。

先生：美咲さん、優太君、どんなときに虹を見たことがありますか。

美咲：雨が上がって日がさしたときや、晴れた日のふん水のまわりで見たことがあります。

先生：そうだね。虹は、空気中にたくさんの小さな ① のつぶがあるときに見えるんだ。このたくさんの小さな ① のつぶに、ななめ上の方向から入った太陽光が反射《はんしゃ》して、ななめ下の方向に出てくる。この光が地上にいる人の目に届《とど》くことで虹が見えるんだ。

美咲：太陽光が空気中で反射することで、虹が見えるんですね。

先生：そうです。ところで、小さな ① のつぶに、ななめ上の方向から入って一回の反射をし、空気中に出てくる光は、むらさき、あい、青、緑、黄、だいだい、赤の順に七色に分かれます。分かれた光の上下は、一番上の方向はむらさきの光に、一番下の方向は赤い光になって、それぞれの方向が、異《こと》なる色の光で強く照らされます。この性質こそ、虹が見える基本的な仕組みなんだ。もっとも、七色というのは、日本での色の分け方なんだけどね。

優太：そうなんですか。でも、②<u>ぼくが見た虹のアーチは、一番上が赤色に、一番下がむらさき色になっていて、いま先生のおっしゃった色の順番と逆でした。</u>

先生：そうだね。では、実際に虹を作る実験で考えてみましょう。**【図１】**のように、黒い板に小さなとう明のガラス球をたくさんはり付け、部屋を暗くして、ライトの光でななめ上からこの板を照らしてみるよ。美咲さん、板の手前の場所に立って板の方を見てごらん。

美咲：あっ、小さな虹のアーチがぼんやりと見えます。一番上のアーチは赤色だわ。その下はだいだい色で……。(**【図２】**)

先生：ななめ上から照らされたたくさんのガラス球のうち、ある位置のガラス球で反射して出てきた赤い光が美咲さんの目に届き、それよりも少し下の位置のガラス球で反射して出てきただいだいの光が美咲さんの目に届いたんだよ。

美咲：わたしから見て、ある方向のガラス球で反射した光だけがわたしに届いたのではないんですね。

先生：そうです。**【図３】**のように、ライトの光がガラス球に入って反射し、**【図４】**のような順番で七色に分かれて出てきたように、太陽光も小さな ① のつぶに入って反射し、**【図４】**と同じ順番で七色に分かれて空気中に出てくる。地上にいる人には、さまざまな方向から、進む方向がちがう異なる色の光が届くから、虹は七色のアーチに見えるんだよ。

優太：そうか。だから色の順番が逆になるんだ。

美咲：先生、そういえば、③<u>よく夕方の空にかかる虹のアーチを見たことがあります。</u>空にかかる虹のアーチが見える時間帯や、見える方角にきまりはあるんですか。

解説

都立白鷗高等学校附属中学校の入学者選抜では、適性検査Ⅰは100点満点を換算して400点満点に、適性検査Ⅱは100点満点を換算して300点満点とします。報告書は320点満点を点数化後、300点満点に換算、合わせて1000点満点の総合得点で合否を判断します。

一般枠の適性検査Ⅰでは、思考力、判断力、表現力をいかして、問題を解決する総合的な力をみます。

適性検査Ⅱでは、課題を発見し、それを解決する方法について自分の考えや意見を正しく表現し、的確に文章にまとめる力をみます。

これまでの出題では、適性検査Ⅰは国・算・社・理、４教科の融合問題で、考える姿勢を持たない受検生にはつらい出題です。

適性検査Ⅱは文章を読んで、国語の読解力を試されることに加えて、自分の経験をまじえて他者にわかるように文章を組み立てる表現力が問われます。

東京

東京都立富《ふ》士《じ》高等学校附属中学校

2010年開校　併設型

「文武両道」「自主・自律」を校訓に国際競争力の高いトップリーダーを育成

「文武両道」「自主・自律」の精神を継承し、新しい教育プログラムを先進的に取り入れた学校としてスタート。英語力と探究力の育成を大きな柱として、基礎基本の定着に向けた初期指導と学習習慣の確立を大切にし、新しい時代を創造できる能力を育てます。

学校プロフィール

開　　校…2010年4月

所 在 地…東京都中野区弥生町5-21-1

Ｔ Ｅ Ｌ…03-3382-0601

Ｕ Ｒ Ｌ…http://www.fuji-fuzoku-c.metro.tokyo.jp/

アクセス…地下鉄丸ノ内線「中野富士見町」徒歩1分

生 徒 数…男子172名、女子185名

１ 期 生…4年生（高校1年生）

高校募集…あり

２学期制／週５日制／50分授業

入学情報

・募集人員…男子60名、女子60名　計120名

・選抜方法…報告書、適性検査（Ⅰ･Ⅱ）

礼儀作法を重んじた子女教育から始まる

【Q】御校の沿革についてお話しください。

【久永先生】２０１０年（平成22年）に東京都立富士高等学校の併設型中高一貫教育校として開校しました。高校は、１９１９年（大正８年）に府立の第五高等女学校として、現在の新宿歌舞伎町の旧コマ劇場跡にありました。そこから移転をしまして、こちらの場所に来ました。

日本女性の理想の教育を、自由闊達《かったつ》にやってほしい、子女教育については礼儀、作法などを重んじた教育をということで始まりました。それが男女共学になり、地域では西・富士と並べて称され、毎年東大に30～40名輩出していた都立の名門校として、いまも地域に愛されています。現在、都立の中高一貫教育校としてリニューアルした、新しい学校です。

久永《ひさなが》　哲雄《てつお》 校長先生

【Q】教育目標をお教えください。

【久永先生】「文武両道」「自主・自律」を校訓として、「知性と教養を深める」「品性と感性を磨く」「リーダーシップを高める」の３つの教育目標を掲げています。

そして、知性教養が高く、品性

と感性を兼ね備えた国際社会のリーダーになり得る人材の育成をめざしています。めざす学校像として、国際化に対応する教育を重視する学校、体験・情報・科学学習で探究力を育てる学校、学力・体力向上と進路実現を図る学校、創造的な活動で自主自律を育てる学校という4つを掲げています。

【Q】ふだん、校長先生から生徒たちに伝えていることはありますか。

【久永先生】 創立の理念どおり、礼儀作法については厳しく教えています。礼儀とは人権教育の基本です。3秒かけてしっかりとした礼をするという礼法については、私から指導を行っています。

本校の礼法は、「三心礼法」と呼んでおり、「尊重する心」「感謝する心」「協力する心」の3つの心を、きちっと心のなかで唱えて3秒間かけてしっかり礼をする。礼をしたあとにあいさつをする。授業の前に礼をしてから「お願いします」。終わりましたら、「ありがとうございました」。そういうあいさつをかならずするように指導を行っています。

そのほか、現在の子どもたちに不足している読書やコミュニケーション能力、プレゼンテーション能力をしっかり高める指導をしていくということを進めています。

【Q】入学したばかりの生徒さんが学校になじめるように、なにか工夫をされていますか。

【久永先生】 中学の学習に慣れることが、いちばん重要な課題だと思っています。授業の取り組み方、ノートの取り方、予習・復習や定期考査の学習の方法などきめ細かい指導プログラムを準備しています。

早く友だちに慣れるという意味では、夏休みの2泊3日の八ヶ岳自然探究教室はとてもいい行事だと思います。富士山麓の清掃活動や自然探究活動など、数多くの体験をとおして集団生活をすることで、仲間づくりや団結力も生まれてきます。

多読やプレゼンなどで英語力を強化

【Q】どういうかたちで英語教育を行っていますか。

【久永先生】 英語の特徴は、土曜日に多読の授業に取り組んでいることです。これは、赤ちゃんが自然に言葉を覚えていく過程と同じように、無理なく映像と言葉がい

カリキュラム紹介

1 リーダーシップが取れる人間を育成 そのためには文系・理系ともに学ぶ

世の中のリーダーシップをとるという観点から、文系や理系だけの勉強をしていたのではいけません。そのため、国公立大進学に向けたカリキュラムになっており、偏りのない勉強ができるように組まれています。また、英語力の育成に力が入れられ、中2で英検3級、中3で英検準2級、中学段階から TOEIC Bridgeに挑戦し、高3で TOEIC700点を目標にしています。夏季休業中には1日3時間、3日間の少人数(20人) による英語の講座があります。

教員と外国人講師で既習事項の定着をはかることはもちろんのこと、外国人講師との会話をとおしてコミュニケーション能力の育成にも熱心です。その際、学校の教材とは別に、専用のテキストを用意しています。中3では2泊3日で語学研修を行います。ふだん行うことのできないプログラムをとおして、ネイティブによる学習の環境をつくっています。さらに、中学校段階で高校での短期留学に向け、海外留学生との交流も行います。

2 探究未来学

知性と教養を深めるために、基礎基本の定着に加え、大学との連携をとおして探究心を高めます。

大学との連携による最先端の科学学習は、生徒の興味・関心をよりいっそう引きだし、探究心を高めることにつながります。

また、東京都教育委員会より、理数フロンティア校に指定され、理系分野に興味を持ち、関心を高める生徒を増やす取り組みをしています。今年度は、高校生のみならず、中学生も科学の甲子園に出場させる準備をしています。

生徒は興味関心を持ったことからテーマを設定し、その課題を追求し解決する課題探究学習を行います。中3、高2と2度発表を行い、大学の先生などの講師による指導助言などをとおして論文を作成します。生徒の取り組む課題探究学習は社会貢献ひいては未来を創造する学習（未来学）であり、さらに、この未来学は将来の社会を創造できる人材を育成する学習であることを生徒に意識させています。

っしょになって記憶できるシステムです。ですから、多読の教材は絵本から始まり、簡単な単語や会話から覚えていく授業となっています。

中学1年次で5万語を目標にして多読をさせており、中学段階で15万語の多読を達成させたいと考えております。1年で9万語を読破した生徒もおり、保護者にも体験してもらい大変好評でした。中学校段階で2200語、中高をつうじて4000語の獲得をめざしています。また、英語は3年間習熟度別授業を実施し、夏季休業中のネイティブ講師との集中英語講座や、中2での語学研修旅行（ブリティッシュヒルズ）もあります。

最終的には英語でプレゼンテーションができることをめざし、高校ではディベートの授業を行います。TOEIC700点以上の力を目標に、さまざまなかたちで基礎固めを行っています。また、高校でのオーストラリア短期語学研修も目玉のひとつです。1・2年で希望制によるオーストラリア短期語学研修、高校2年でマレーシア修学旅行を行います。また、事前研修として、神田外語学院と連携して、学校にいながら外国人講師と会話のできるシステムをつくっています。さらに、高校1・2年で選択科目として、ドイツ語・フランス語・中国語を履修することができます。

学力向上をめざす 富士メイクアップ方式

【Q】このほかに取り組んでいることはありますか。

【久永先生】「富士メイクアップ」という学力向上をねらいとした考査と学び直しのシステムがあります。テストが評価のためだけのものではなく、真に学力向上につながるようにしています。年間7回行われる考査内容は以下のとおりです。

・第1回　定期考査
・第2回　定期考査
夏季休業中に学び直し
・第3回　総合考査
前期の成績
・第4回　定期考査
・第5回　定期考査
冬季休業中に学び直し
・第6回　総合考査
・第7回　定期考査
後期の成績

このように、短いサイクルで学

年間行事

おもな学校行事（予定）

4月	入学式　対面式
5月	農業探究教室（中2）
6月	体育祭　キャリアセミナー（中2）東大教授による講義（中3）　東大研究所訪問・実験体験（中3）
7月	七夕飾り 八ヶ岳自然探究教室（中1）
8月	短期集中英語講座（中1・中2・中3）
9月	文化祭 農業探究教室（中2）
10月	環境セミナー（横浜国立大学との連携・中1） 修学旅行（奈良・京都）
11月	職場探究学習（中2） 芸術鑑賞教室
12月	エコプロダクツ見学（中1） すすはらい
1月	キャリアセミナー（中3） 百人一首
2月	合唱祭
3月	キャリアセミナー（中1） 宿泊語学研修（中2）

文化祭

図書室

進路指導室

中庭

パソコン教室

び直しをさせて、総合考査で実力養成をはかります。毎回5教科の総合考査があり、前後期の成績に反映されます。

また、考査後には先生がたによる学力分析会や学力推移調査（全国版中高一貫校の模擬テスト）の分析を行い、教員の指導力の向上と生徒の学力向上につなげています。そのほか、週2回放課後の時間を使って「富士サポートシステム」という学習進度が遅れている生徒に対する補習・講習も充実しています。

本校では、幅広く進路を実現するため高2まで文理に分けず、広い教養を身につけていきます。また、高校生に対しては、数学・英語で希望制による発展的な学習（数学オリンピック・大学入試問題・TOEIC受験など）を行い、高い目標を掲げて取り組んでいます。本校ではこのシステムを富士アカデミーと呼んでいます。

【Q】進路指導についてお聞かせください。

【久永先生】6年間の進路シラバスに沿って、キャリア教育を実践し、生徒の進路実現をするようにきめ細かく指導しております。また具体例として、定期考査ごとの「学力推移シート」と「学力振り返りシート」による「個人カルテ」を作成しています。これにより生徒一人ひとりの課題が把握でき、学習時間や学習方法のアドバイスを行っています。

【Q】適性検査についてお教えください。

【久永先生】基本的には読書習慣が大切です。いろいろな新聞のコラムや論説文などを読んで、それに対して自分の考えをまとめる練習も大事ですね。過去問や計算問題、時事問題にも取り組んだ方がいいと思います。

【Q】最後に、どのような生徒さんに入学してもらいたいか、お聞かせください。

【久永先生】本校はスポーツ名門校・東京都アスリート育成推進校でもあり、薙刀《なぎなた》や剣道は全国大会に出場していますし、元Jリーガーのプロコーチによるサッカー部指導など部活動にも力を入れています。やはり学習にも部活動にも、高い目標を掲げて、それに向かって一生懸命に取り組もうと思っている生徒さんにぜひ入学していただきたいと思います。

東京都立富士高等学校附属中学校

募集区分：一般枠
入学者選抜方法：適性検査Ⅰ（45分）、適性検査Ⅱ（45分）、報告書

やよい：方眼紙の右下に（ア）と書いて、「（ア）まで、このさいころを１ますごとに転がしたら、全部で何とおりの転がし方があるか。」という問題はどうかしら。

え　み：答えが何とおりもあるからおもしろそうね。でもたくさんありそうよ。

やよい：もっとも短い道のりでの転がし方を考えたらどうかしら。

え　み：ということは、９ます全部を通って転がしたら、もっとも短い道のりとは言えないわね。

やよい：そうね。これで問題が作れそうよ。

［問題１］　**図１**のように置いてあるさいころの位置から、（ア）までさいころを１ますごとにすべらないように転がしたとき、もっとも短い道のりは全部で何とおりあるか答えなさい。

え　み：もう一つ問題を作りましょう。今度は、転がす方向を決めて考えてみましょう。

※やよいさんとえみさんは、図４のさいころ一つと図５の６ますに（イ）、（ウ）、（エ）、（オ）を記入した方眼紙を用意しました。そして、転がす方向に矢印をつけました。

図４

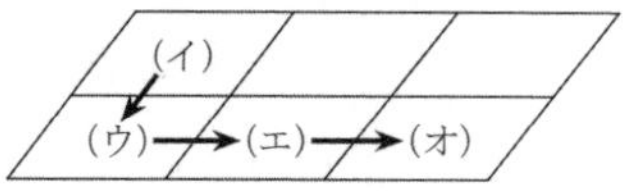

図５

やよい：このさいころを（イ）に置いて（オ）まで、矢印の方向に１ますごとにすべらないように転がしてみましょう。

え　み：１ますごとにさいころの上の目がいろいろ変わっていくわね。

やよい：このことから問題が作れないかしら。

え　み：たとえば、「このさいころを（イ）に置いて（オ）まで、矢印の方向に転がしたとき、１ますごとのさいころの上の目をたす。」という問題はどうかしら。

※やよいさんとえみさんは、次の問題を作りました。

［問題２］　**図４**のさいころを**図５**の（イ）に置き、（オ）まで１ますごとにすべらないように矢印の方向に転がします。このとき、さいころの上の目の和が最大になるためには、（イ）にさいころを置くとき、上の目が何に、手前の目が何になるように置けばよいか答えなさい。また、なぜそのように考えたのか、その理由を説明しなさい。

文章と資料を読み解く

文章と絵から、さいころが転がるようすを、問題文の要求に添って正しくイメージできているかが問われます。

問題を解決する力をみる

図５の動きと「上の目の和が最大」の意味を読み解き、また、自分の考えをわかりやすく伝えられるかをみています。

▶2013年度 東京都立富士高等学校附属中学校 適性検査Ⅱ問題より

4　総合的な学習の時間に、やよいさんとえみさんは二人で行う自由研究について考えていました。

やよい：えみさん、どのような自由研究をしましょうか。
え　み：算数の時間に習った立体について調べるのはどうかしら。
やよい：そうね。さいころはどうかしら。
え　み：いいわね。
やよい：さいころでどんな研究ができるかしら。
え　み：さいころを使った問題をつくるのは、どうかしら。
やよい：そうね。その問題をみんなに考えてもらうのもいいわね。

※やよいさんとえみさんの前には、＜縦《たて》3ます・横3ます＞の全部で9ますのます目の書いてある方眼紙があります。その上には図1のように、さいころが上の目を1に、手前の目を2に、右の目を3にして置いてあります。

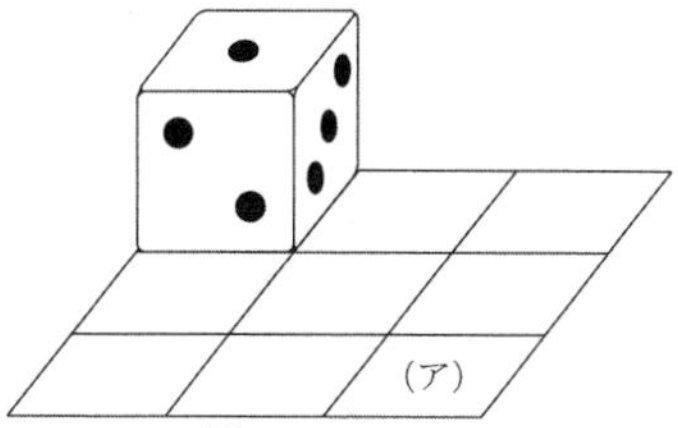

図1

やよい：えみさん、さいころと方眼紙を用意したけれど、これらを使って問題を作れないかしら。
え　み：そうね。さいころを1ますごとにすべらないように転がしてみましょう。
やよい：すべらないように転がすということは、どういうことなの。

※えみさんは、方眼紙の上に置いてあるさいころ（図2）を右に1ます、すべらないように転がしました。転がした図が図3です。

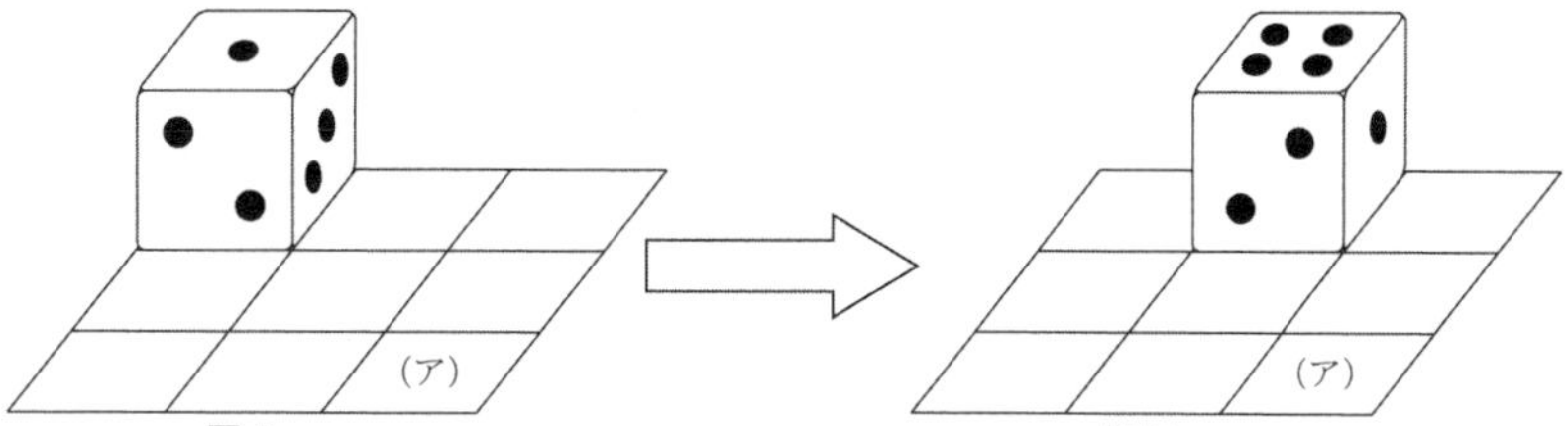

図2　　図3

やよい：さいころを右に1ます転がすと、サイコロの上の目は4になるということね。
え　み：そうね。さいころは、ある面の目とその面の反対側の面の目をたすと7になるように作られているからね。

解説

都立富士高等学校附属中学校の入学者選抜では、適性検査Ⅰ・Ⅱと報告書の評価比率は8:2です。適性検査はどちらも100点満点ですが、換算してⅠを300点満点に、Ⅱを500点満点としています。ですから報告書は200点満点ということになります。

適性検査Ⅰでは文章を深く読み取り、内容を適切に把握し、自分の考えや感じたことを表現する力をみます。

適性検査Ⅱでは、資料などをもとに、課題を見つけたり、課題を解決したりする力をみるとともに、わかりやすく説明する力も試されています。その際、必要な漢字が正しく書かれているかどうかもポイントです。また論理的な表現力、たとえば、文章の主述がしっかりしているかも評価の対象となります。

適性検査のボーダーラインは50%弱ですが、ボーダーライン付近では報告書をよく見直すとのことです。

東京都立三《み》鷹《たか》中等教育学校

中等教育学校　2010年開校

「思いやりを持った社会的リーダー」を育成

自助・共助・公助の精神と高い目標を持って、限界までチャレンジし努力する生徒を育てている三鷹中等教育学校。今年、1期生が後期課程（4年生）に入りました。

学校プロフィール

開　　校…2010年4月

所 在 地…東京都三鷹市新川6-21-21

T E L…0422-46-4181

U R L…http://www.mitakachuto-e.metro.tokyo.jp/

アクセス…JR中央線「三鷹」「吉祥寺」・京王線「調布」「仙川」バス

生 徒 数…男子321名、女子314名

1 期 生…4年生（高校1年生）

高校募集…なし

3学期制／週5日制／50分授業

入学情報

・募集人員…男子80名、女子80名　計160名

・選抜方法…報告書、適性検査（Ⅰ・Ⅱ）

高い目標を持って努力する生徒を育成

【Q】開校から4年目をむかえ、学校のようすはいかがですか。

【仙田先生】 今年、中等教育学校は前期課程の3学年に加えて、1期生が後期課程に入り4年生となりました。

【Q】教育方針についてお教えください。

【仙田先生】 母体校の三鷹高校の教育目標にある「気力を起こして、わが身をためそう」の標語を踏まえ、中等教育学校では限界までチャレンジする、自主的に意欲的に勉強する、高い目標を持って最後まで努力する生徒を育成しています。

基本理念である「思いやりを持った社会的リーダーの育成」は、自分自身を助けられる「自助の精神」に加え、困っている人を助ける「共助の精神」を持ち、なおかつ、もっと広い視点である「公助の精神（私は広助とも言っています）」も持った生徒の育成をめざすものです。

具体的には、もしいま災害が起こったとして、自分自身が助かり、周りの人を助ける。そして全体を見て、どうしたらいいかを考えら

仙田《せんだ》　直人《なおと》 校長先生

れる生徒になってもらいたいのです。

将来については高い志を持ちつづけるようつねに言っています。自分で高い目標を設定し、少し背伸びをしてでも、最後までチャレンジしてほしいと思っています。6年間という長い期間を過ごすなかで、どうしても最初に決めた目標が揺らいでしまうことがあります。しかし、最後まで目標を落とさずがんばることが自己実現につながると考えています。

三鷹独自の「人生設計学」

【Q】「人生設計学」について詳しく教えてください。

【仙田先生】「人生設計学」とは、どこの大学に入りたいとかという目先の目標ではなく、自分は将来、どういう仕事に就きたいのか、大学をでてどんなことをやっていきたいのかを考えます。

次に、将来の目標を達成するためには、どういう大学がよいかを自分で考えていきます。したがって、大学に入ることを目的に進路を選ばせないようにしています。

そのため、机上の空論だけで将来を決めてしまうことがないように、1・2年生のときにキャリア教育として職場見学や職場体験を実施しています。

その際、職業体験をしたうえで、生徒に「あなたがもし社会的リーダーになるのなら、職場見学や職場体験を経験して、どのようなリーダーになるか」を踏まえた論文を生徒に書いてもらっています。

このほかにも校外学習などにおいても、自分たちがどうすれば問題を解決できるのかを考えさせ、振り返りの学習を行うことによって社会的なリーダーの資質を育成しています。こうして職業観・勤労観を育成したうえ、論文の作成やディベートなども取り入れてプレゼンテーション能力やコミュニケーション能力も培います。これが本校の「人生設計学」です。

【Q】御校独自の「文化科学」「文化一般」「自然科学」についてお教えください。

【仙田先生】これは本校が独自に設定してある科目で、高い見識を得ることができる学習活動として展開しています。

「文化科学」では、生徒たちに本を読んでもらい、よかった点を2

カリキュラム紹介

1 教科・科目にこだわらない特色ある教育活動「文化科学」、「文化一般」、「自然科学」

ひとつの教科に限定せず、横断的にかかわりのある教科・科目に対し、「文化科学Ⅰ（国語）・Ⅱ（公民）」、「文化一般」、「自然科学Ⅰ（数学）・Ⅱ（理科）」という授業が設定されています。

前期課程の１年生では「文化科学Ⅰ（国語）」と「文化一般（芸術）」を学びます。「文化科学Ⅰ（国語）」では読解力、表現力、コミュニケーション能力の基礎を養い、日常生活や読書活動を材料にスピーチを行います。「文化一般」は、音楽や美術にこだわらない芸術についての基礎的な技能・表現力を学び、情操教育を行います。

また、２・３年生では「自然科学Ⅰ・Ⅱ」を、４年生で「文化科学Ⅰ」を学びます。

2 大学よりさきの人としての生き方、あり方を学ぶ総合学習・人生設計学

三鷹中等教育学校が独自に行っている特徴的な総合学習が人生設計学です。これは、思いやり・人間愛を育む教育、キャリア教育、課題学習の３つの柱からなり、見学や体験、講演を聞くなどし、将来の目標や学ぶ意識を引きだしていく授業です。

学年に応じてステージが分かれ、それぞれのステージごとに３つの柱に沿ったプログラムが用意されています。たとえば、「思いやり・人間愛を育む教育」では１年生でホームルーム合宿、２年生で農業体験を行います。キャリア教育の面では、職場見学などがあります。

三鷹中等教育学校の近隣には天文台や大学、その他研究機関などが多くあり、それらの機関と連携しながら、本物を見て、触れ、体験して大学や社会を知っていきます。各ステージごとにまとめの論文を作成し、発表することでプレゼンテーション能力も養っていきます。大学に入ることをゴールにするのではなく、そのさきにある人と人との生き方、あり方を６年間で探求していき、個々の進路の実現に結びつけます。

～3分、クラスでプレゼンしてもらいます。そのときに書評を全員に評価してもらう、書評合戦（ビブリオバトル）なども取り入れて、言語活動を活発にさせる取り組みをしています。

「文化一般」は芸術についての基礎的な技能や表現力を身につけ、感受性豊かな情操を育みます。

「自然科学」は数学分野、理科分野に分かれており、数学分野では、論理的に考え、筋道を立てて説明できる表現力の育成を、理科分野では、実験・観察やフィールドワークを取り入れ、自然に関する興味・関心を高めます。

「三鷹スタンダード」で目標設定

【Q】習熟度別授業などは行っていますか。

【仙田先生】 中学校1年生から数学と英語で2クラスを3展開して行っています。そして学期ごとのテストが終わったところでクラス替えをします。

中等教育学校には、学力の保障が重要だと考えています。そのためには、学校がどの水準をめざし、生徒がどの水準にいるのかを生徒や保護者に明示することが必要だと考え、「三鷹スタンダード」を策定しました。

「三鷹スタンダード」とは、3段階に設定した学習到達度のことで、生徒個々の到達度に応じた学習活動の充実を図り、生徒たちがそれぞれの目標に向かってがんばれるよう指導しています。

目標水準を設定し、現在の到達度がわかると、教員たちは生徒に対して個に応じた指導ができます。また、生徒・保護者にとっても目標がわかりやすく、これからさきの進路選択にも役立つと考えています。

【Q】英検合格者数がすごい伸びですね。

【仙田先生】 1期生の2級・準2級合格者が3年次末で全体の7割に達しました。2期生はそれを上回る状況で、合格者はもっと伸びると期待しています。この英検合格率はほかの中高一貫校に比べても自慢できる結果です。

そして、この英語を実際に活用するため、国際理解教育を推進し、国際交流や海外研修なども導入しています。国際的な視野を持つためには、いろいろな人とコミ

年間行事

おもな学校行事（予定）

4月	入学式 対面式・新入生オリエンテーション
5月	農業体験（2年） 遠足（4・5年） 校外学習（1・3・4年）
6月	合唱祭　宿泊防災訓練（4年）
7月	夏季補習週間（1～6年） 勉強合宿（4・5年）
8月	部活動合宿
9月	体育祭　文化祭
10月	海外修学旅行（5年）
11月	職場見学（1年） 職場体験（2年） 修学旅行（3年）
12月	
1月	
2月	適性検査　遠足（3年）
3月	芸術鑑賞教室　卒業式

校外学習

模擬投票

体育祭

文化祭

合唱祭

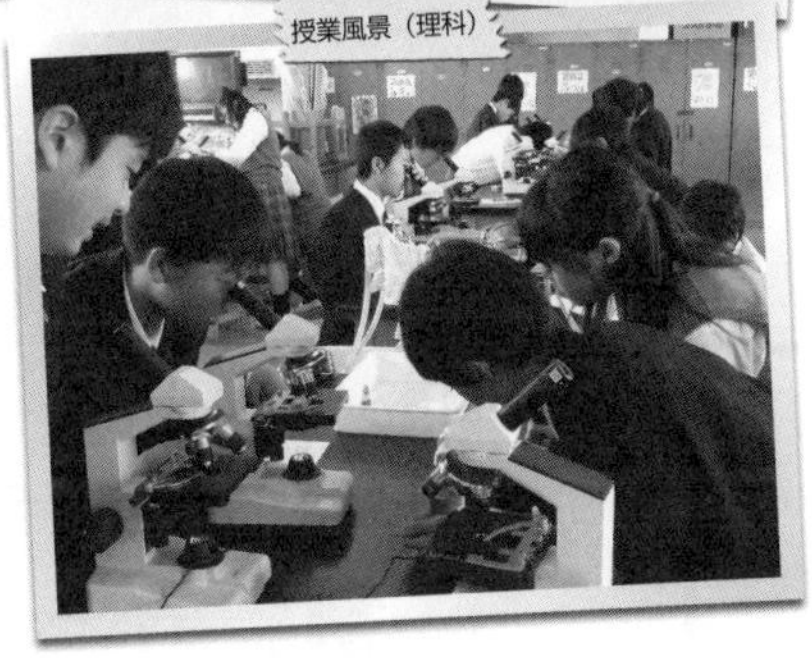
授業風景（理科）

ユニケーションをとることが必要です。そのため、昨年度は3カ国から100名以上の生徒を受け入れました。そして後期課程の、海外修学旅行に結びつけていきたいと考えています。

【Q】新校舎の工事は終わりましたか。

【仙田先生】 昨年8月に北棟ができあがり、9月には生徒全員が新校舎で学習できるようになりました。それ以外に武道場、駐輪場、天窓がついた図書室なども同時にできあがりました。今年の8月にはグラウンドの改修工事も終わり、9月には落成記念式典を予定しています。

本校は、4年間で100冊読破を目標にしている読書マラソンや朝読書を行っているため、生徒は本をよく読みます。図書室が新しくなり、いっそう生徒たちの読書に力が入ると思います。

施設に関してはいろいろな面で新しい活用ができると考えています。受験を考えているみなさんは入学前にぜひ1度見に来てもらいたいですね。

【Q】4校連携についてお教えください。

【仙田先生】 東京都でいちばん新しくできた都立中高一貫校である富士高等学校附属中、大泉高等学校附属中、南多摩中等教育学校と三鷹中等教育学校の4校は、百人一首合戦やバスケットボール大会などで連携事業を行っています。昨年度からはスピーチコンテストも導入しました。

今後は、さまざまな部活動などを4校で対抗する「4校戦」などを学校行事として行うことができればと思っています。これは、ふだんの活動の成果をいかす場をつくってあげたいという思いから始めた事業です。最終的には、都立中高一貫校10校すべての取り組みになればと考えています。

【Q】御校を志望する生徒さんにメッセージをお願いします。

【仙田先生】 適性検査に関しては、だされた問題に対して、正対した意見を述べられるようになってください。また、自分でまとめられる力、幅広く考えることができる力をつけて挑んでもらいたいです。そして、思いやりを持った、リーダーとしてがんばっていきたいという志を持った生徒さんには、ぜひ受検してもらいたいです。

東京都立三鷹中等教育学校

募集区分：一般枠

入学者選抜方法：適性検査Ⅰ（45分）、適性検査Ⅱ（45分）、報告書

たかお：留学するとどんなことを学んだり経験したりすることができるのだろう。

みつこ：次の**図２**と**図３**は、日本から外国への留学者の留学の目的と留学で得たものを調べた資料から、上位６項目《こうもく》をグラフにしたものよ。

たかお：留学の目的と留学で得たものには違《ちが》いがありそうだね。

図２　留学の目的

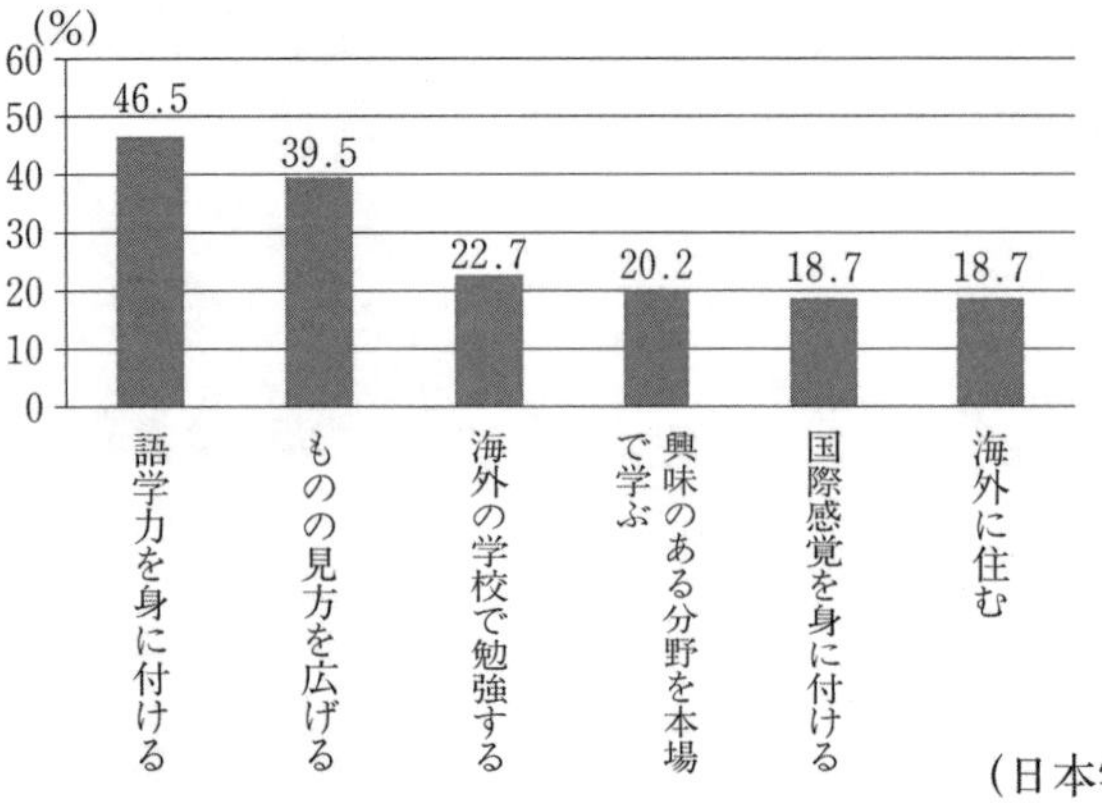

＊当てはまる項目をいくつも選んで答えています。

（日本学生支援《しえん》機構の資料から作成）

図３　留学で得たもの

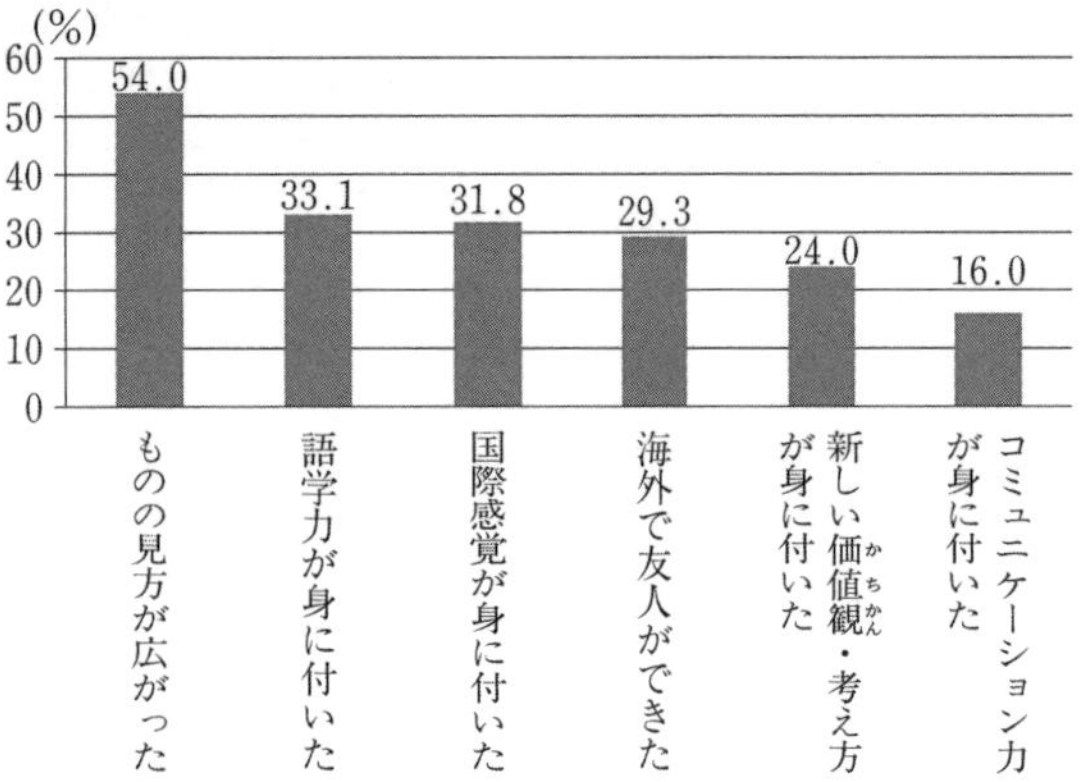

＊当てはまる項目をいくつも選んで答えています。

（日本学生支援機構の資料から作成）

【問題２】　**図２**と**図３**を比較《ひかく》して、分かることを３つ答えなさい。

【問題３】　あなたが留学するとしたら、どのような目的をもって留学しますか。そして留学前に日本でどのような準備をしたいですか。**図２**と**図３**を参考にして書きなさい。

課題や資料を正しく分析する

資料を分析し、文章の意味を正しく理解し、必要な条件を読み取れるか。算数の力も試されています。

論理的思考と表現力をみる

資料を比較することで、目的と結果のちがいをつかみ、自分ならどうだろうと考える力、表現する力が問われます。

▶2013年度 東京都立三鷹中等教育学校 適性検査問題Ⅰより

3　**みつこさんとたかおくん**は、留学について話し合っています。

みつこ：今度、近所の高校生が外国に留学するのよ。
たかお：へえ、外国で勉強するなんてすごいね。
みつこ：これから活躍《かつやく》する若《わか》い人たちは、日本のことをよく知った上で、さらに外国のことも学ぶ必要があるって、先生も言っていたわ。
たかお：日本の高校生は、どのくらいの人が留学しているのかな。逆に、外国の高校生は、どのくらいの人が日本に留学しているのかな。
みつこ：調べてみましょう。
たかお：**図1**を見ると、どうやら外国から日本に留学する高校生よりも、日本から外国へ留学する高校生の方が多いみたいだね。
みつこ：**表1**を使って、外国からの留学者数をもとにした外国への留学者数の割合《わりあい》を調べてみましょう。

図1　外国への留学者数と外国からの留学者数

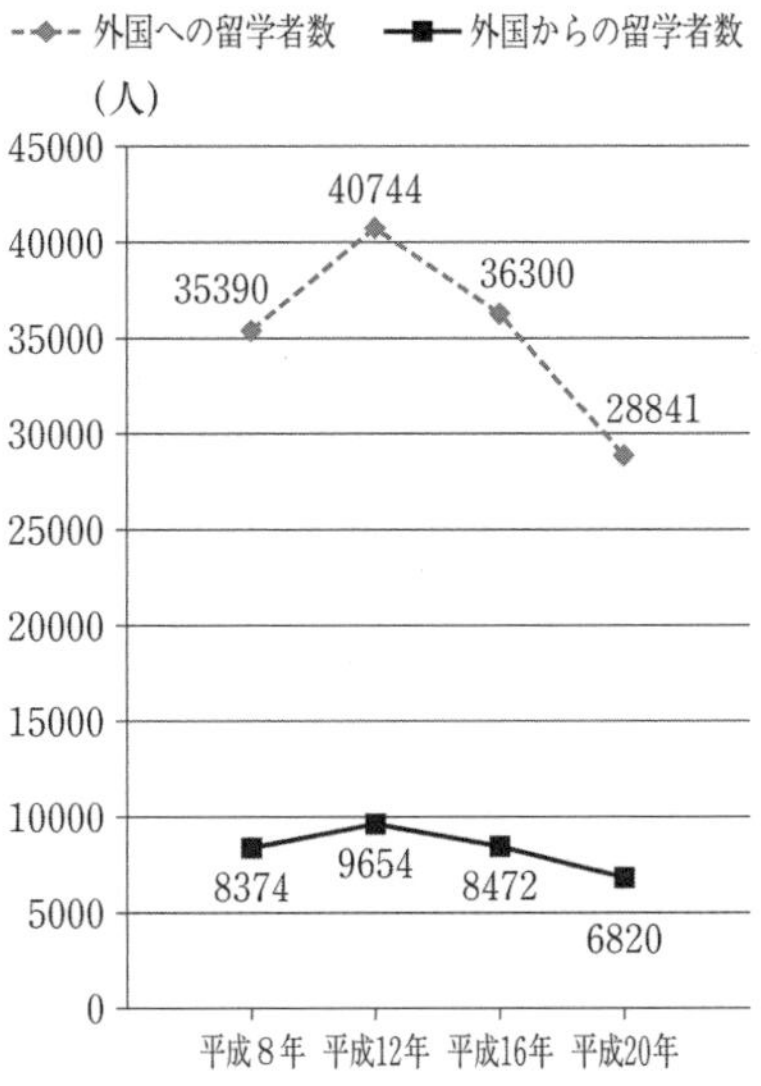

表1　外国への留学者数と外国からの留学者数の比較《ひかく》

	外国への留学者数	外国からの留学者数	外国からの留学者数をもとにした外国への留学者数の割合
平成８年	35390人	8374人	**ア**
平成12年	40744人	9654人	**イ**
平成16年	36300人	8472人	4.28
平成20年	28841人	6820人	4.23

(内閣府《ないかくふ》の資料から作成)

【問題１】　**表１**の**ア**と**イ**に当てはまる数を、それぞれ小数第３位を四捨五入《ししゃごにゅう》して小数第２位まで求めなさい。また、**表１**からどのようなことが言えるか、数《すう》値《ち》を使って説明しなさい。

解説

都立三鷹中等教育学校では、適性検査Ⅰ・Ⅱと報告書の成績を換算します。

適性検査Ⅰは100点満点ですが換算して500点満点とします。適性検査Ⅱは100点満点を換算して300点満点とします。報告書は640点満点を200点満点に換算します。合計の満点1000点の総合成績で合否を判断します。適性検査Ⅰの比重が大きくその半分を占めるわけです。

その適性検査Ⅰでは、課題や資料の内容を正しく分析し、理論的に思考・判断し、問題を解決していく力をみます。

適性検査Ⅱでは、文章を深く読み取り、相手の立場に立って考えるとともに、わかりやすく伝える表現力をみます。

2013年度の適性検査Ⅱでは、文章を読む問題が２問だされ、それぞれ記述式で答えるものでした。自らの体験を交えて自分の意見をわかりやすく表現できるかどうかが重要でした。

東京都立南《みなみ》多《た》摩《ま》中等教育学校

中等教育学校　2010年開校

「心・知・体の調和」を求める人間力を大切にする

２０１０年（平成22年）４月に、多摩地区を代表する公立中高一貫校としてスタートした南多摩中等教育学校。地域の期待を背負い、人間力のある次世代リーダーを育成します。

押尾《おしお》　勲《いさお》　校長先生

学校プロフィール

開　　校…2010年4月

所 在 地…東京都八王子市明神町4-20-1

T　E　L…042-656-7030

U　R　L…http://www.minamitamachuto-e.metro.tokyo.jp/

アクセス…京王線「京王八王子」徒歩3分、JR中央線「八王子」徒歩12分、

生 徒 数…男子307名　女子329名

1 期 生…4年生（高校1年生）

高校募集…なし

3学期制／週5日制／50分授業

入学情報

・募集人員…男子80名、女子80名　計160名

・選抜方法…報告書、適性検査（Ⅰ・Ⅱ）

「心・知・体」の調和のとれた人間教育

【Q】御校の沿革と教育目標についてお教えください。

【押尾先生】東京都立南多摩中等教育学校（以下、南多摩中）は２０１０年（平成22年）４月に、多摩地区を代表する公立中高一貫校としてスタートしました。１期生は今年で４年生（高校１年生）になります。

設置母体である東京都立南多摩高等学校の創立は、１９０８年（明治41年）。東京府立第四高等女学校として開校してから、すでに１００年を超える長い伝統を誇ります。本校は中等教育学校です。したがって高校段階での募集はありません。２０１５年度（平成27年度）には南多摩中等教育学校が完成します。

教育目標に「心を拓く」「知を極める」「体を育む」という３つの言葉を掲げ、「心・知・体の調和」から生まれる「人間力」を大切にした教育を行っています。

【Q】御校の6年一貫教育の特長をお話しください。

【押尾先生】中高の６年間で、発達段階に応じた教育活動を展開しています。１・２年を「基礎・基

本期」、3・4年を「充実伸張期」、5・6年を「応用達成期」の3期に分けて、学習内容の定着をはかっています。

高校募集は行わないので、そのぶんのゆとりをいかし、6年間一貫のカリキュラムで、生徒一人ひとりの可能性を伸ばしていきます。

前期課程においては、各教科の基礎基本の習得と、意欲的に学習へのぞむ姿勢や、家庭学習の取り組み方を身につけることを重視しています。また、発展的な学習を行うとともに、総合的な学習の時間ではフィールドワークに関連する学習を各教科のなかに取り入れ、思考力を高める授業を展開しています。

後期課程の4・5年生は共通必修科目で学びます。2年間のキャリア教育などの活動をとおし、自分に合った進路をしっかりと見つけます。6年生では文系・理系に分かれた選択科目を設定し、自己の進路の実現に向けて必要となる学力を最大限に伸ばすことを目的に、より高度な学習に取り組んでいきます。

また、中等4年まで英数国で、少人数制授業を取り入れ、きめ細かな指導をしています。

補習については、専任委員や大学生が朝や放課後の時間を利用して行っています。各教科の授業で小テストを行い、生徒の到達度をはかり、進度が遅れてしまった生徒へのフォローや、授業でわからなかったことの質問、発展的な学習など、各自の課題に対応しています。

6年一貫で無理のない先取り教育

【Q】各教科の教育課程についてお教えください。

【押尾先生】教科別では、国語については、多くのジャンルや種類の文章を「読むこと」を重視し、読むことから「書くこと」「聞くこと」「話すこと」へと学びを広げています。話しあい活動などの体験をとおして、確かな言葉の力を身につける指導に力を入れています。

数学は、3年生の前半で中学で学習すべき内容を終え、発展的な学習に移ります。さらに5年生の後半からは生徒の適性・進路希望に応じた学習を実施し、少人数制

カリキュラム紹介

1 気づき（課題発見力）を大切にするフィールドワーク

総合学習の時間や夏休みを利用して、歴史的、文化的遺産が多い身近な八王子の街にでて、たくさんの不思議を発見します。

「なんだろう」と考え、課題を見つけて学びが始まる授業です。

1年生で八王子の街を中心とした地域学習をスタートし、2年生で人文科学分野、3年生は知床で自然科学分野とふたつのフィールドワークに取り組みます。4・5年生になると、1～3年生の経験をいかし、研究テーマごとに分かれた少人数による分野別ゼミ研究で、より専門的な内容にチャレンジします。大学、企業、研究所などと連携し、各自が研究成果をリポートにまとめ、オリジナルの論文を発表します。

毎年3月には、各学年ですべてのグループが発表を行います。優秀なグループは、体育館で行われる成果発表会で発表します。

フィールドワークでは「気づき（課題発見力）」を大切にし、探究活動をとおしてものごとを多角的に眺める視点を育成します。

つまり、「コミュニケーション力」を基にした「情報収集力」と「分析力」を育成し、「クリティカル思考」や「創造的思考」を身につけていくのです。

授業を取り入れてきめ細かく指導していきます。

英語は、コミュニケーション能力のすぐれた生徒を育成することをめざしています。6年間をとおしてＡＬＴ（外国語指導助手）を活用し、生きた英語を学ぶ機会をたくさん設けています。1～3年生まで2クラスを3展開して行っています。

理科は、実験・観察を多く取り入れて、実験結果について話しあい、リポートにまとめます。科学的にものごとを見たり考えたりする力、実験結果を適切に処理する力、論理的に説明する力を育成します。前期課程では、1教室にふたりの教員がついて中学校理科から発展的な内容まで含めて学習し、物理・化学・生物・地学の基礎を身につけます。後期課程では、興味・関心や適性・進路希望に合った科目の選択制となっています。

社会は、地理・歴史・公民の3分野について、前期課程と後期課程のつながりを重視して学習を進めています。1～2年生で地理、1～5年生で歴史、3～6年生で公民を全員が共通で履修します。

ふつうの中学校より進度は早いですが、6年一貫教育として組まれたプログラムであり、高校受験がないぶんを発展的な学習に費やすことができるので、けっして無理な先取り学習を行っているわけではありません。

また、高校受験はないのですが、3年生は9月に接続テストを行います。これは、中学生として身につけるべき基本的な内容が身についているかどうかを確認するためのテストです。もし基準に達していないようであれば、その部分を2学期にしっかりと補っていきます。

夢を見つけて夢がかなう大学に

【Q】キャリア教育はどのようなことを行いますか?

【押尾先生】 前期課程では職業観や、将来どのように社会に役に立っていくのかを知ることを目的に、2年生で職場体験などを行っています。後期課程は具体的な大学進学についてを含めて、いままさに研究中です。

フィールドワークなどで自分のやりたいことが見えてきたとき

年間行事

おもな学校行事（予定）

4月	入学式　対面式 オリエンテーション合宿
5月	
6月	合唱祭
7月	
8月	
9月	文化祭・体育祭
10月	
11月	
12月	
1月	百人一首大会
2月	マラソン大会
3月	成果発表会

合唱祭

校外学習

学習発表

文化祭

体育祭

文化祭

に、どういう学校であれば自分の夢がかなうのか、そのためにはどんな学部学科に行けばいいのかを知る必要があります。そのためにも大学と連携し、大学でなにができるか、どこの大学にいけばやりたいこととマッチしているのか、そういうことがわかるようにしていく必要があります。

けっして行ける行けないではなく、自分のやりたいことができる大学かという視点で将来を考え、生徒ががんばれる仕組みをつくっています。

【Q】学校行事や部活動についてお話しください。

【押尾先生】学校行事も充実しており、体育祭、文化祭、合唱祭など高校生とともに活動することで異年齢との交流を設けて、生徒たちはとても楽しんでいます。そして、生徒たちは先輩たちとひとつのものをつくりあげる喜びを味わいながらさまざまな行事に取り組んでいます。

現在、前期課程の部活動は6つの文化部と8つの運動部があり、9割を超える生徒が入部しています。運動部は公式戦に参加し、都大会に進出する部もでています。また、文化部もコンクールに参加したり、文化祭や発表会などで活躍しています。

【Q】適性検査についてお教えください。

【押尾先生】本校ではフィールドワーク活動が大きな柱になっているので、そのために必要な適性を適性検査でみています。したがって、図やグラフを読み取り、分析、考察する力や、課題に対して前向きに思考して判断、表現する力をみています。

また、フィールドワークではさまざまな場所に行ったり、多くのものごとに触れるので、好奇心も必要です。

【Q】最後に御校をめざす生徒のみなさんにメッセージをお願いします。

【押尾先生】いろいろなものごとに興味や関心を持ち、そのきょうみや関心事について、自分で勉強して、答えを見つけてみたいと思っている人。そういう人にとって、南多摩中学校生活は楽しい時間になると思います。南多摩中は、人生の方向をつかむことのできる学校です。ぜひ、がんばって夢を手にしてください。

東京都立南多摩中等教育学校

募集区分：一般枠
入学者選抜方法：適性検査Ⅰ（45分）、適性検査Ⅱ（45分）、報告書

資料３　節水に関する調査

質問１　あなたはふだんの生活の中で、どのような水の使い方をしていますか。次から１つあげてください。
豊富に使っている　　節水している　　特に気にしていない
質問２　豊富に使っていると答えた人は、次から１つを選んでください。
節水のことは考えずに豊富に使っている　節水は必要と思いながら豊富に使っている
質問３　節水をしていると答えた人は、次から１つを選んでください。
ある程度節水しながら使っている　　まめに節水している

	豊富に使っている		節水している		特に気にしていない その他
	節水のことは考えない	節水は必要と思うが豊富に使う	ある程度節水している	まめに節水している	
1986年	12.3%	27.3%	41.5%	9.7%	9.2%
1994年	9.5%	25.4%	50.8%	9.1%	5.1%
1999年	6.0%	21.7%	50.3%	13.9%	8.3%
2001年	5.1%	24.5%	54.2%	10.7%	5.4%
2008年	4.0%	21.8%	58.3%	14.0%	1.8%

（「節水に関する特別調査」内閣《ないかく》府より作成）

※この表の値《あたい》は小数第二位で四捨五入《ししゃごにゅう》しているので、各調査年のすべての値を合計しても１００％にならない年がある。

【問題１】　**資料２**と**資料３**から、あなたなら、一人が一日に使う生活用水の使用量が２０００年くらいから減少した理由をどのように説明しますか。それぞれの資料からあなたが読み取ったことを示して、そこからあなたが考えた理由を説明しなさい。

資料を分析し考察する力をみる

水の使用量を題材とした問題に対し、いくつもの具体的資料を分析し考察する力をみています。

論理的に表現する力をみる

資料から得られた結果について、自らの考えを論理的に表現してわかりやすく伝えられるかをみます。

▶2013年度 東京都立南多摩中等教育学校 適性検査問題Ⅰより

1　**みなみ**さんは社会科の時間に水道について学習しました。**みなみ**さんはさらにくわしく調べて、日本人が一日に生活で使う水は一人２６９Ｌで、１９６５年から現在までは**資料１**のように変化していることを知りました。どうしてこのように変化したのかを調べてみると、水道水の供給《きょうきゅう》量が増えるとともに水洗《すいせん》トイレがふきゅうしたり、自宅《じたく》におふろを設置する家庭が増えたりするなど、家庭内で水を使う機会が増えて使用量が増えてきたことがわかりました。しかし、一人が一日に使う生活用水の使用量は２０００年くらいから減少している理由が分からなかったので、さらに調べてみて、**資料２**と**資料３**を見つけました。

資料１　一人一日当たりの生活用水使用量の変化

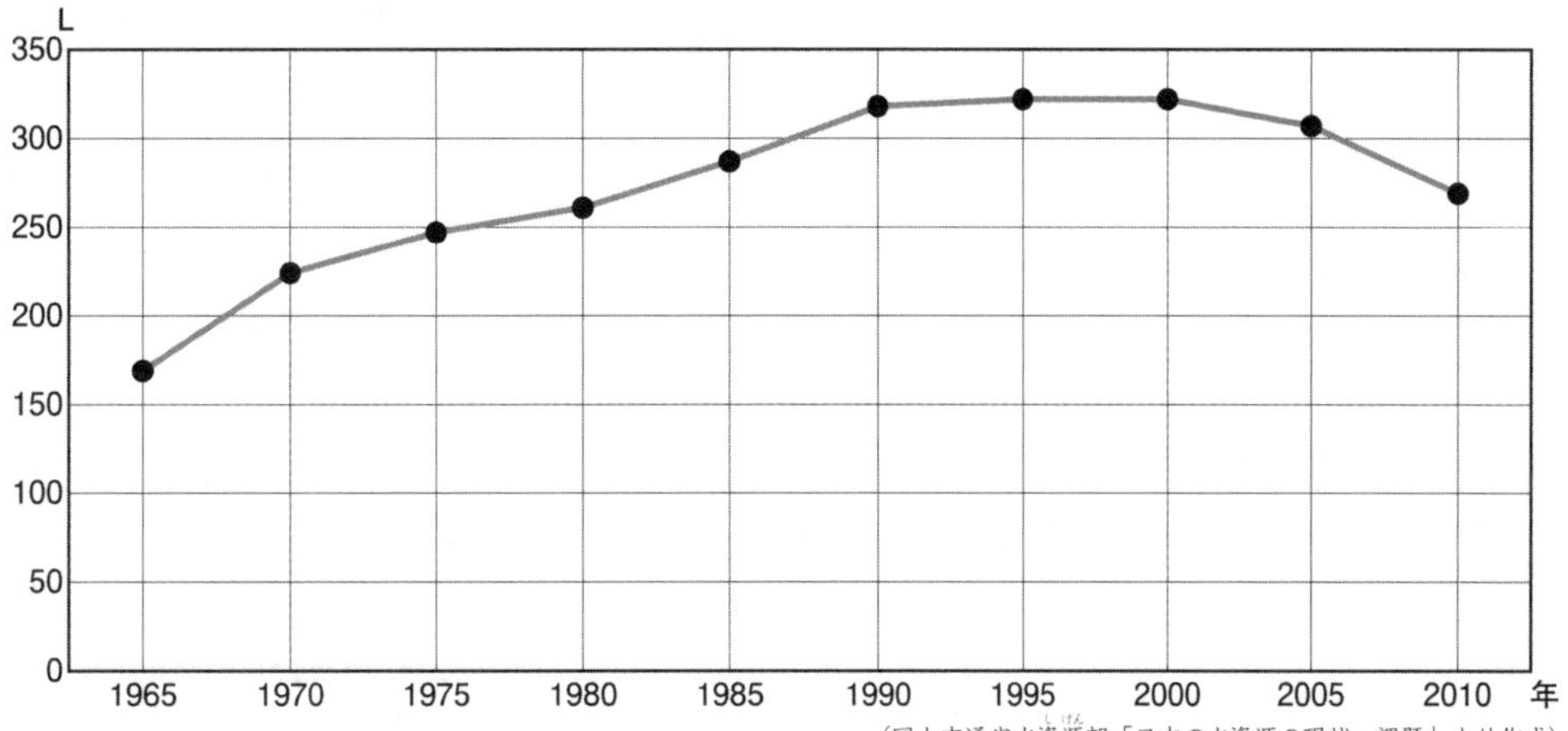

（国土交通省水資源《しげん》部「日本の水資源の現状・課題」より作成）

資料２　家庭用水洗便器で使う水量の変化

		旧型		現在最も ふきゅう している型	最新型
年代		1994年以前	1994年から	1998年ごろから	2006年ごろから
流す水量	大	1回13L	1回10L	1回8L	1回6L
	小	1回13L	1回8L	1回6L	1回5L
一人一日当たりの平均使用量		52L	34L	26L	21L

（大阪《おおさか》府水道部平成21年度「大阪府水道用水供給事業の水需要《じゅよう》予測」より作成）

解説

都立南多摩中等教育学校では、適性検査Ⅰ・Ⅱと報告書の換算が複雑です。

適性検査Ⅰは100点満点ですが５倍に換算して500点満点となります。適性検査Ⅱは100点満点を換算して300点満点とし、Ⅰ・Ⅱ合わせて800点満点とします。報告書は640点満点ですが換算して200点満点とし、総合成績は、これらを合わせて1000点満点で評価します。

適性検査Ⅰでは、具体的資料を深く読み取り、分析・考察する力や、課題に対して思考・判断し的確に表現する力をみます。また、身近な地域で見ることができる事象に対して興味・関心を持ち、自然や社会現象に対して調査し考察する力もみます。

適性検査Ⅱでは、与えられた文章等を深く読み取り、課題に対して自己の経験や体験に基づき、自らの考えや意見を明確かつ論理的に表現する力をみます。

2013年度も学力検査型に走らず適性検査らしい出題でした。

2008年開校　併設型

東京都立武《む》蔵《さし》高等学校附属中学校

中高一貫の6年間で育てる 社会に貢献できる知性豊かなリーダー

伝統ある都立武蔵高等学校の附属校として、2008年に産声をあげた武蔵高等学校附属中学校は、中高一貫の6年間を有効に使ったカリキュラムと進路指導で未来のリーダーを育てます。

学校プロフィール

- **開　　校**…2008年4月
- **所 在 地**…東京都武蔵野市境4-13-28
- **T　E　L**…0422-51-4554
- **U　R　L**…http://www.musashi-fuzoku-c.metro.tokyo.jp/
- **アクセス**…JR中央線・西武多摩川線「武蔵境」徒歩10分、西武新宿線「田無」・西武池袋線「ひばりヶ丘」バス
- **生 徒 数**…男子164名、女子195名
- **1 期 生**…高校3年生
- **高校募集**…あり
- **2学期制／週5日制／50分授業**
- **入学情報**
  - ・募集人員…男子60名、女子60名 計120名
  - ・選抜方法…報告書、適性検査（Ⅰ・Ⅱ・Ⅲ）

幅広い教養教育を基盤に未来のリーダーを育てる

【Q】御校の沿革および、教育理念についてお話しください。

【守屋先生】東京都立武蔵高等学校に附属中学校が設置されたのが2008年度（平成20年度）です。1期生は、今年度高校3年生になっています。

教育理念として、幅広い教養教育の上に問題解決能力を育成するということを掲げています。

そして、都立武蔵高の理念を継承するかたちで「豊かな知性と感性」「健康な心と体」「向上進取の精神」の3つの教育目標があります。こういった教育理念、目標のもとで、「社会」に貢献できる知性豊かなリーダーを育てていきたいと考えています。

守屋《もりや》　一幸《かずゆき》　校長先生

【Q】御校のカリキュラムの特徴をお教えください。

【守屋先生】本校は併設型ですので、都立武蔵高と連動したかたちになり、2学期制です。都立武蔵高はもともと3学期制でしたが、授業時数の確保や、カリキュラムの組みやすさといった観点から2学期制を採用しました。

たとえば数学などでは、高2の前期でおおむね2年の内容を終

え、後期から高3の分野や問題演習に入っていきます。

　授業では、将来の難関大学進学にも対応した教養教育を進め、実践的で発展的な内容を多く取り入れるとともに、地球規模の環境問題や社会問題を考える「地球学」という講座を設定しています。また、高校段階では、「奉仕」の授業などで、自分の得意分野をいかした社会貢献活動を展開しています。

【Q】1学年の人数は１２０名ですが、クラス編成はどうなっていますか。

【守屋先生】中学は１２０名を40名ずつの3クラスに分け、男女はおおむね半々となっています。後期課程（高校）からは2クラスぶんの生徒が新たに加わります。そして高1の段階では中入生と高入生は別々のクラス編成で、高2から同じクラスとしています。これは、中入生の学習進度が早いため、高入生のカリキュラムを別にし、数学を増単位するなどして1年で同じ進度に合わせるためです。

　さらに高3から多様な選択科目を設定し、理系の大学・学部を志望する生徒は理系科目を多く選び、文系の大学・学部を志望する生徒は文系科目を多く選ぶというかたちで分かれていきます。

【Q】習熟度別授業や補習、土曜授業などは行われていますか。

【守屋先生】3学年とも英語と数学、国語の一部で1クラスを2展開した少人数・習熟度別授業を実施しています。

　補習は制度的なものはありませんが、毎日朝の10分間を使って朝学習・朝読書を行っています。その時間に自分に必要な学習ポイントをチェックしたり、選んだ本を読んだりしています。

　また、本校では「学習用ポートフォリオ」というものを使い、これに基づいた各単元ごとの水準を教師が各生徒にしめしています。定期考査でクリアできなかった場合に課題をだしたり、補講などを組むことで、学習のつまずきをできるだけ速やかに補充指導しています。

　土曜日は隔週で授業がありますが、ふたつの使い方があります。ひとつは平日に行事などが入り、授業がなくなった場合の補充として使う場合。もうひとつが土曜講習です。土曜講習は午前中4時間

カリキュラム紹介

1 教材はさまざま 環境問題や社会問題を学ぶ「地球学」

都立武蔵中のユニークな取り組みのひとつに「地球学」があります。総合的な学習の時間を使い3年間で体系的に行われるもので、自然・人間・社会にかかわる内容を総合的にあつかい、さまざまな問題への解決法などを学びます。対象は「地球」に関することなので、森羅万象いろいろなことがらがテーマです。

たとえば、これまでに中・高合同で、ボランティアで古着を2.5トン集め、それを生徒たちが男物・女物・夏用・冬用・着られるもの・ダメなものなどに分け、難民キャンプに送る、などといったことを行っています。

ほかにも近隣の雑木林で生物観察をしたり、身近にいる魚の解剖など、ほんとうにいろいろなものごとを教材にして学んでいきます。

中3までにたくさんの知識を得て、高校からはそれをふまえて、自分はなにができるのかを考え、実践していきます。

中3の後期にはこれまでの集大成として地球学発表会を実施します。

2 勉強の習慣づけや大学入試対策 節目で行われる勉強合宿

都立武蔵中には中1のサマーキャンプを筆頭に、さまざまな合宿があります。これらの合宿をとおして生徒は学習の習慣を身につけ、生徒同士のきずなを深め、大学入試へ向けた学力を養成していきます。

中1のサマーキャンプでは、体験学習や、キャンプファイヤーなどが行われ、自然のなかでクラスの友好を深めます。中2では農家に宿泊して田植えなどの農作業体験をする「結い」農業体験学習があります。中3の修学旅行では、京都・奈良の文化遺産に触れ、伝統文化を学びます。

また、班別行動の計画を立て、実践することで自主自律の態度を養います。高1では6月にスプリングセミナーがあり、ここでは高入生と打ち解けあい、さらに高校からの学習についての習慣をつける場が用意されています。

高2のウィンターセミナーは3泊4日で行われます。これは難関大対策の学習で、この合宿中に自分の限界まで挑戦することで真の学力を伸ばすことが目的です。

で、生徒は全員参加します。高校の教師が中学生に教えるなどいろいろなかたちがあります。中学で学んでいることを発展させたもので、特設単元を設定して行っています。

また、夏休みの終わりの時期には英・数・国の夏期講習を組んでいます。それまでの学習の補習的なものと発展的なものの両方があり、さらに希望制と指名制の講習があります。

中3生には、中だるみを防ぐ目的で、夏休み明けに都立高校の自校作成問題を使ったテストも行っています。高校から入ってくる生徒がどのくらいのレベルの問題を乗り越えてきているかというのを実感してもらうのと、学年としてどのあたりの学習が足りないかをチェックして、後期でその部分をフォローしていくためというふたつの意味があります。

6年を3段階に分けて キャリア・デザインを重視

【Q】進路・進学指導についてお教えください。

【守屋先生】 本校としては、授業や行事などすべてがキャリア教育につながっていると考えているのですが、具体的な進路指導としては、6年間を「基礎力養成期」（中1・中2）「充実期」（中3・高1）「発展期」（高2・高3）の3つに分けてキャリア・デザインを行っていきます。

まず「基礎力養成期」に「進路ポートフォリオ」を作成し、6年間さまざまな機会での振り返りに活用します。また、職業調べ、職場訪問、「結い」農業体験、大学見学など、自分の興味・関心はどこにあるかを知ることをおもな目的としています。

「充実期」は、蓄積されたポートフォリオを使いながら、職場体験学習や、大学教授や企業人、卒業生などを招いて開くさまざまな進路講演会、勉強合宿（スプリングセミナー）などをつうじて自分の得意分野を見つけることがメインになります。

そして「発展期」では、それまでの4年間をもとに、進路を選びとっていきます。専門の講師による進路ガイダンスや模擬試験とその分析会、勉強合宿（ウィンターセミナー）、大学入試センター試験対策などを頻繁に行い、生徒が

年間行事

おもな学校行事（予定）

4月	入学式 新入生オリエンテーション
5月	「結い」農業体験学習（2年）
6月	音楽祭
7月	サマーキャンプ（1年） 職場体験（3年）
8月	奉仕体験活動
9月	武蔵祭（文化祭） 体育祭
10月	修学旅行（3年） 職場体験（2年）
11月	
12月	社会科見学（1・2年） キャンパス訪問（3年）
1月	
2月	職場訪問（1年） マラソン大会
3月	卒業式

サマーキャンプ

農業体験

文化祭

マラソン大会

音楽祭

体育祭

希望する進路を選び取れるようバックアップしていきます。

近年、国公立大や難関私立大への合格実績が伸びているのは、こういった取り組みの成果だと思います。

中・高合同の三大行事 部活動も非常にさかん

【Q】学校行事やクラブ活動についてお話しください。

【守屋先生】本校には3大行事があり、第1は音楽祭です。中・高合同で、中1は全員で校歌を歌い、中2からはクラス対抗で歌います。中学生は高校生が歌うのを聞いて感心していますね。総合優勝は中・高合わせたなかから決まります。

第2が文化祭で「武蔵祭」と呼ばれています。中学は学習成果の発表を行っています。中1はサマーキャンプ、中2は「結い」農業体験の発表で、中3では修学旅行の事前学習や職場体験の発表をしたり、演劇同好会のようなかたちで参加したりと多彩です。

第3が体育祭です。中・高いっしょに行い、中学生の種目は中学生の体育祭実行委員が、高校生の種目は高校生の実行委員が考えます。高校生と対等にできているという感じになってきましたね。

クラブ活動も非常にさかんで、兼部を含めて加入率が100%を超えています。他校の中学生は中3の夏休みぐらいで引退だと思いますが、本校は併設ですので、中3の後期からは長期体験入部として高校の方で部活動をすることができます。

【Q】最後に受験生に向けて、適性検査についてのアドバイスと、メッセージをお願いします。

【守屋先生】適性検査というのは、小学校での日常の学習をもとにして、そのうえで、図表などの資料から読み取ったことを自分の考えとして筋道立てて表現する問題が多いので、まず小学校の勉強を大切にしましょう。そして、日常で図表などの資料を見たときに、そこから自分の考えを書いて表現してみましょう。

好奇心旺盛で人や世の中のことを考えようとする生徒さんに来ていただきたいですね。さきほどの適性検査の部分でも触れましたが、ふだんからいろいろなことを考える習慣をつけてみてください。

東京都立武蔵高等学校附属中学校

募集区分：一般枠
入学者選抜方法：適性検査Ⅰ（45分）、適性検査Ⅱ（45分）、適性検査Ⅲ（45分）、報告書

〔問題１〕　ふゆみさんは、「一つの場所を使える回数は、どのクラスも、５日間で１回か２回になります。」と言い、あきおくんは、「どのように計算をして、考えたのですか。」と言っています。あなたがふゆみさんなら、どのように説明しますか。解答らんに言葉と式を使って答えなさい。

なつよ：朝、昼休み、放課後では、使用できる時間の長さは同じですか。
はるき：いいえ。朝は 30 分間、昼休みは 20 分間、放課後は 40 分間です。
あきお：それでは、５日間の練習時間の合計が、どのクラスも同じになるように割り当てを決めるべきだと思います。
ふゆみ：その場合、同じクラスが放課後ばかりになるなど、かたよりが出ることになりませんか。
はるき：練習時間の合計が同じになるようにする方が大切なので、かたよりが出てもよいことにしましょう。

〔問題２〕（１）　それぞれのクラスが使える５日間の練習時間の合計を同じにするためには、１クラスの５日間の練習時間の合計を何分間にすればよいでしょうか。解答らんに数字で答えなさい。

（２）　**表１**の割り当て表を完成させるために、あなたなら木曜日と金曜日の割り当てをどのようにしますか。球技大会実行委員の話し合いの結果をもとに、解答らんの（　　）内に数字を書いて答えなさい。

数理的に分析する力をみる

適性検査Ⅲは私立中学の算数の問題と見まがうような問題ですが、実際の場面をイメージできるかどうかが問われます。

問題を解決する力をみる

私立中学受験の学習をしていればやさしいように思えますが、問題１はどのように表現できるかという部分が大切です。

▶2013年度 東京都立武蔵高等学校附属中学校 適性検査問題Ⅲより

1　はるきくんたちの中学校では、全校で、クラス対こうの球技大会が行われます。球技大会実行委員のはるきくん、なつよさん、あきおくん、ふゆみさんの４人は、大会直前の練習場所の割《わ》り当てを決めるために話し合いをしています。

はるき：球技大会直前の月曜日から金曜日までの５日間は、朝の授業の始まる前、昼休み、放課後の三つの時間帯にクラスごとの練習をすることができます。使える場所は、体育館、中庭、校庭の３か所です。割り当て表を途中《とちゅう》まで作ったので見てください（**表１**）。今日は、まず、まだ決まっていない木曜日と金曜日の割り当てを決めたいと思います。

表１　はるきくんが途中まで作った割り当て表

体育館

	月	火	水	木	金
朝	１年１組	２年２組	３年３組		
昼休み	１年２組	２年３組	３年１組		
放課後	１年３組	２年１組	３年２組		

中庭

	月	火	水	木	金
朝	２年１組	３年２組	１年３組		
昼休み	２年２組	３年３組	１年１組		
放課後	２年３組	３年１組	１年２組		

校庭

	月	火	水	木	金
朝	３年１組	１年２組	２年３組		
昼休み	３年２組	１年３組	２年１組		
放課後	３年３組	１年１組	２年２組		

なつよ：雨が降《ふ》って、中庭や校庭が使えないときはどうしますか。
はるき：雨が降ったら別の場所が使えるので、今日はこの表を完成すればよいことにします。
ふゆみ：一つの場所を２クラスが同時に使ったり、一つの時間帯を前半と後半に分けて使うことはできますか。
はるき：どちらもできません。
あきお：どのクラスも、毎日必ず練習できますか。
ふゆみ：１年生から３年生まで、それぞれ３クラスだから、できるはずです。
はるき：では、どのクラスも毎日必ず練習できるように割り当てましょう。
あきお：練習場所の割り当て方は、同じ場所ばかりを割り当てられるクラスが出ないようにした方がいいですね。
はるき：そうですね。
ふゆみ：一つの場所を使える回数は、どのクラスも、５日間で１回か２回になります。
あきお：どのように計算をして、考えたのですか。

解説

都立武蔵高等学校附属中学校の入学者選抜では、報告書と適性検査Ⅰ・Ⅱのほかに適性検査Ⅲが課されるのが特徴です。適性検査と報告書の評価比率は3:1です。適性検査はいずれも100点満点ですが、それぞれ４倍し1200点満点、報告書は400点満点です。総合成績は1600点満点で選抜します。

適性検査Ⅰでは文章を深く読み取る力、自己の体験に基づいて論理的な文章をつくる力をみます。

適性検査Ⅱでは資料を分析し考察する力、資料の読み取りに基づいた論理的な思考力、表現力などをみます。適性検査Ⅱは、ほかの都立中高一貫校より問題の量が多く、私立中学受験生を意識した内容に見えますが、じつはPISA型に近い良問です。

独特の適性検査Ⅲではリーダーとして必要な計画する力、問題を解決する力、数理的に分析し課題を見出す力などをみるとしていますが、適性検査Ⅲは算数と理科の視点を試されるといってよいでしょう。

東京都立両国《りょうごく》高等学校附属中学校

併設型　2006年開校

「自律自修」を教育方針に掲げ国際社会で活躍できるリーダーを育成

伝統である「自律自修」を教育方針に、質の高い教育活動を展開しています。東京東部地区のみならず、都立を代表する進学校として、高い学力、広く深い教養・知性を育む両国高等学校附属中学校です。

学校プロフィール

- 開　校…2006年4月
- 所在地…東京都墨田区江東橋1-7-14
- TEL…03-3631-1878
- URL…http://www.ryogoku-fuzoku-c.metro.tokyo.jp/
- アクセス…JR総武線・横須賀線・地下鉄半蔵門線「錦糸町」徒歩5分、都営新宿線「住吉」・「菊川」徒歩10分
- 生徒数…男子165名、女子192名
- 1期生…2012年3月卒業
- 高校募集…あり

3学期制／週5日制／50分授業
（年間20回土曜授業）

入学情報

- ・募集人員…男子60名、女子60名　計120名
- ・選抜方法…報告書、適性検査（Ⅰ・Ⅱ）

自らを厳しく律し自ら進んで学ぶ

【Q】御校の沿革ならびに中学校創立の経緯をお話しください。

【大井先生】東京都立両国高等学校は、東京府立第三中学校として1901年（明治34年）に設立され、2006年（平成18年）に中学校が開校しました。本校は一昨年創立110周年を迎え、東部地区を代表する歴史と伝統ある進学校としてレベルの高い教育を実践しております。

3学期制・週5日制で授業時間は50分。附属中学校の生徒数は1学年3クラス、120名となっており、中学生はそのまま両国高等学校へ進学します。高校からは新たに2クラスぶんの約80名を募集し、5クラスとなります。

中入生と高入生のクラス分けは行っていません。これは、お互い刺激しあって切磋琢磨することで、よりいっそう学力や意欲を高めることがねらいにあるからです。

【Q】教育方針の「自律自修」とはどういったものでしょうか。

【大井先生】「自律自修」とは、「自らを厳しく律し、自ら進んで学ぶ」ということで、いわゆる自立した若者を育成するための教育方針と

大井《おおい》　俊博《としひろ》　校長先生

して掲げています。

また、２００６年（平成18年）の中学校開設時に、中高一貫教育を両国で行うにあたり、高校で掲げている「自律自修」を中学生にもわかりやすく「自ら考え、自ら学ぶ生徒」「高い志と使命感を持った生徒」「健康で明朗な生徒」の３つに置き換え紹介しています。

【Ｑ】御校はどのような雰囲気の学校ですか。

【大井先生】本校の中学生は、創造力にあふれ、しなやかな感性を持っていると感じます。中学生と高校生ではまったく異なった雰囲気があります。授業の反応も、中学生は伸びやかで元気がよい印象ですが、高校生は受験をめざして自分自身を高めていくという明確な目標がありますので、落ちついた真剣な雰囲気を感じます。

中学生と高校生のちがいを見ていると、「6年間でいかに生徒の伸びやかな個性を育て、そのさきの進路希望実現へつなげるか」という部分に本校の使命があると思っています。

【Ｑ】教科のカリキュラムについて具体的にお話しください。

【大井先生】東京都の中高一貫教育は、社会貢献や使命感、倫理観、つまり社会のリーダーになるような人材を育成するために、総合的な学力を培い、教養教育を行うことがコンセプトにあります。

それに基づき本校では、「言語能力の育成」、それから「英語によるコミュニケーション能力を育成」「理数教育の充実」を基本構想としています。

まず、「言語能力の育成」です。これまでは「国語力の育成」としていましたが、昨年度より本校が東京都の言語能力向上推進校に指定されたことを受け、国語だけにとどまらずすべての教科をつうじて言語能力を高める取り組みを実施しています。

具体的には、「読む・書く・聞く・話す」能力のバランスの取れた伸長をめざし、授業のなかでディベートやプレゼンテーションなど、発表の場を多くつくり、生徒に自分の意見を表現し、相手に伝える能力を磨く機会を設けます。

「英語によるコミュニケーション能力を育成」については、生徒のなかには、読み書きはできても英会話は苦手という場合があります。社会では話せる英語が求めら

カリキュラム紹介

1 進路を早期に分けないカリキュラムで幅広い進路選択が可能になる

両国では1・2年を「基礎学力定着期」、3～5年を「応用発展期」、6年を「確立期」としています。特徴的なのは「応用発展期」を3年間として、最後の「確立期」が6年の1年間になっているところです。

多くの学校は 3つの期間を2年間ずつに分けていますが、両国はちがうかたちをとっています。それは、早期に進路を決定するのではなく、「確立期」に入る前になるべく多くの教科を勉強することで、将来の進路を幅広く選択できるようにしているからです。

「応用発展期」の高校2年生の選択で、初めて文系と理系とで選択授業が少し変わってきます。それでも共通履修科目が大部分を占めています。そして高校3年生の「確立期」になって進路希望により、文系と理系に分かれます。

カリキュラムでは、高1は英語･数学･国語の単位を増やしています。高2は日本史か理科Ⅱ（物理Ⅱか化学）を選択。高3では文系と理系に応じてさまざまな科目を選択します。

文系の私立大志望だから数学を勉強しなくてもいいということはまったくありません。基礎学力は知らず知らずについていますので、両国ではほぼ全員が大学入試センター試験を受験します。

れていますので、英語をコミュニケーションの手段として国際社会で活躍できるリーダーの育成をめざします。ネイティブの教員による授業はもちろん、オールイングリッシュの授業、ICT（情報コミュニケーション技術）やBGMを使い全員参加型の授業で学び、実用できる英語力を中学の段階からしっかりと養います。

「理数教育の充実」では、生徒の興味・関心をひくための体験学習を重視し、実験や観察を徹底的に行っています。理科では教科書に載っている実験・実習はすべて行います。

数学では、数学的な見方や考え方を重視し、1クラスを2つに分けた小人数授業を行い、基礎・基本の確実な定着をはかっています。

独自のキャリア教育「志学《こころざしがく》」を実施

【Q】習熟度別授業は行われていますか。

【大井先生】 高校の数学と英語で実施しています。中学では数学で1クラスを2展開し、少人数で授業を行っています。

【Q】補習や土曜授業、夏期講習などはどうされていますか。

【大井先生】 まず、毎日行う朝学習があります。これは中学から高校まで全学年で実施し、ホームルームの前の15分間にドリルなどを用いて学習を行うものです。曜日によって取り組む教科が変わります。中学生では朝日新聞の社説「天声人語」を書き写すというユニークなものもあります。書き写すことでより深く内容を理解させるというねらいがあります。

高校では希望制で放課後に講習を行っています。土曜日は中学・高校ともに隔週で午前中に授業を行います。

夏期講習も中学・高校で実施しています。夏期講習は希望制で、生徒が自分の希望する講座を選択し受講しています。中学生は基礎的な内容がおもですが、高校生は受験に向けて基礎から高いレベルのものまで用意しています。

【Q】進路・進学指導についてお話しください

【大井先生】 総合的な学習の時間を使い、「志学《こころざしがく》」という進路や生き方について意識を深める学習を行っています。その一環として、さまざまな方面で活躍しているか

年間行事

おもな学校行事（予定）

4月	入学式
5月	遠足（2年は大使館めぐり）
6月	体育祭
7月	林間学校（1年） 外国語宿泊研修（2年）
8月	海外語学研修（3年） 進路体験学習（3年）
9月	文化祭
10月	
11月	職場訪問（1年） 職場体験（2年）
12月	
1月	百人一首大会
2月	合唱コンクール
3月	芸術鑑賞教室 球技大会 卒業式

授業風景（理科）

部活動

スキー教室

体育祭

文化祭

入学式

たを年間で10人程度お招きして講義をしてもらい、高校卒業後の将来を意識させています。まさに高い志を抱かせるプログラムが「志学」だと考えています。「志学」を総合学習で行い、中1で職場訪問、中2で職場体験、中3で進路体験学習を行い、将来の志や使命感を中学の3年間で育てます。

高校の進路指導では、普段の定期考査のほかに、外部模試を3回、両国内部でつくった実力テストを3回の計6回の模試を年間に実施しています。このようにきめ細かくテストが行われているので、学力の伸びやスランプなども確認しやすくなっています。また、年間に数回の面接や三者面談を実施しており、生徒のための進学指導のバックアップも万全です。

さらに、本校では予備校に行かず学校の授業や講習だけで大学受験に対応できる学力をつけさせることをめざし、授業内容の充実を目標に教員同士で授業見学や授業研究がさかんに行われています。

夢や希望を持った生徒に来てほしい

【Q】いつも生徒に話されているお言葉はありますか。

【大井先生】 中学では毎月朝礼があり、そこで話をしています。月ごとにテーマを決め、それを書として書いたものを生徒に見せながら話してます。私が話した言葉をよく理解して、自ら学び自ら考えて行動できる人間になってほしいというメッセージをこめています。

また、毎朝生徒の登校時間に門の前に立って登校してくる生徒にあいさつをしています。あいさつをとおして生徒とのコミュニケーションを大切にしています。

【Q】最後に、どんなお子さんに来ていただきたいですか。

【大井先生】 これからどんな人間になりたいのか、夢や希望をしっかり持った志の高い生徒さんに来ていただきたいと思っています。

本校では生徒と先生が、1時間1時間の授業に真剣に取り組んでいます。そんな本校での勉強・学校行事・部活動などの教育活動のなかで友情を育み、先生との絆を深めしっかりと学び、自分を高め、将来国内外でリーダーとして活躍できる人材に育ってほしいと願っています。

東京都立両国高等学校附属中学校

募集区分：一般枠

入学者選抜方法：適性検査Ⅰ（45分）、適性検査Ⅱ（45分）、報告書

運動会当日、**りょうくんとみさきさん**が各組の得点について話しています。

みさき：運動会もあと２つの競技で終わりだね。赤組は７４８点で１位だから優勝《ゆうしょう》できそうよ。
りょう：青組は６７２点で現在３位なんだ。逆転優勝できるかな。
みさき：残りの競技は「玉入れ」と「組別リレー」だったわね。黄組は７０９点よ。

（問題３）玉入れで青組が１位でなかった場合、組別リレーで青組が逆転優勝するためには、玉入れと組別リレーがどのような順位になっていればよいですか。考えられる場合を１つ書きなさい。ただし、それぞれの得点は下のようになっています。また、どちらの競技も引き分けはないものとします。

玉入れの得点	１位…３０点	２位…２０点	３位…１０点
組別リレーの得点	１位…６０点	２位…５０点	３位…４０点
	４位…２５点	５位…１５点	６位…　５点

＊組別リレーは各組２チームずつ選手が出ます。

りょう：青組は玉入れで１位だったから７０２点になったよ。
みさき：赤組は玉入れが２位で７６８点になったわ。黄組は玉入れが３位で７１９点ね。
りょう：優勝の可能性は赤組が高いね。赤組と青組の得点の差は６６点だけど、最後の競技まであきらめないよ。

（問題４）青組は、組別リレーでどちらか１チームが１位にならないと優勝の可能性がなくなってしまいます。その理由を「得点の差」という言葉を用いて説明しなさい。

論理的に考える力をみる

走る順番を題材とし、論理的に考え、条件を整理し能率的に処理する力をみています。根気よく考える力も必要です。

課題を解決する力をみる

課題、問題点を分析する力、その問題を解決するべく考える力をみています。考えをわかりやすく説明する表現力もみています。

▶2013年度 東京都立両国高等学校附属中学校 適性検査問題Ⅰより

1

りょうくんと**みさきさん**の小学校では青組、赤組、黄組の３つの組に分かれて運動会が行われます。運動会前日、青組の**りょうくん**と赤組の**みさきさん**が組別リレーの選手について話しています。

みさき：青組ではだれがリレーの選手になったの。
りょう：はるこさんと**なつきくん**と**あきこさん**と**ふゆきくん**だよ。
みさき：４人の走る順番はどうなっているのかしら。
りょう：簡単《かんたん》には教えられないな。
みさき：２人の名前を言うから、どちらが先に走るか教えてくれる。
りょう：それならいいよ。
みさき：はるこさんと**なつきくん**はどちらが先に走るの。
りょう：なつきくんの方が先だよ。
みさき：あきこさんと**ふゆきくん**はどちらが先に走るの。
りょう：あきこさんのほうが先だよ。
みさき：はるこさんと**ふゆきくん**はどちらが先に走るの。
りょう：ふゆきくんの方が先だよ。

（問題１）２人の会話から４人の走る順番は何通りか考えられます。そのうちの１つを書きなさい。

みさき：①［　　　］と［　　　］はどちらが先に走るの。
りょう：②［　　　］の方が先だよ。

（問題２）**みさきさん**は、会話の①［　　　］と［　　　］はどちらが先に走るの。という質問と**りょうくん**の②［　　　］の方が先だよ。という答えとで４人の走る順番が分かりました。**みさきさん**はどの２人について聞き、**りょうくん**はどちらが先と答えましたか。考えられる場合を１つ書きなさい。

解説

都立両国高等学校附属中の入学者選抜では、報告書（換算後200点）、適性検査Ⅰ（換算後500点）、適性検査Ⅱ（換算後300点）の総合成績1000点で評価しています。

配点の大きい適性検査Ⅰ（満点100点）は、問題を分析する力、思考力、判断力、また課題を解決する総合的な力をみます。

適性検査Ⅱ（満点100点）は文章を読み取る力、自分の考えを適切に表現する能力をみます。

2013年度の適性検査Ⅰは算・理・社の３科目がバランスよく融合された出題でした。もちろん問題に対する読解力がなければ、問題そのものを読み取れません。家庭での日ごろの生活のなかで課題を見出し、考える姿勢が必要な出題となっています。

適性検査Ⅱはボリュームがより少なくなりますが、国語の読解力がなければ、問題文を読みこむだけでも苦労させられます。すべて記述式で、最後の問題は350～400字の作文を求められました。

神奈川県立相模原《さがみはら》中等教育学校

2009年開校　中等教育学校

自分を探し、自分をつくる 相模原の6年一貫教育

しっかり学び、じっくり育て、ゆっくり探る相模原中等教育学校の6年一貫教育。生徒一人ひとりの個性をいかし、思考力・判断力・表現力を育て、生徒自身が主体的に学ぶ姿勢を養います。

学校プロフィール

- **開　校**…2009年4月
- **所在地**…神奈川県相模原市南区相模大野4-1-1
- **TEL**…042-749-1279
- **URL**…http://www.sagamihara-chuto-ss.pen-kanagawa.ed.jp/
- **アクセス**…小田急線「相模大野」徒歩10分
- **生徒数**…男子397名、女子397名
- **1期生**…5年生（高校2年生）
- **高校募集**…なし
- **2学期制／週5日制／45分授業**
- **入学情報**
  - ・募集人員…男子80名、女子80名 計160名
  - ・選抜方法…適性検査（Ⅰ・Ⅱ）、グループ活動による検査、調査書

3つの『めざす生徒像』育てたい3つの力

【Q】教育目標「人格の完成をめざし、高い知性と豊かな人間性を備え、心身ともに健全な、次世代を担う人材を育成する」についてお教えください。

【加賀先生】本校は、次世代を担うリーダーを育成したいというところをコンセプトにしている学校です。『めざす生徒像』として具体的に「これからの国際社会に対応する幅広い教養と社会性・独創性を備える生徒」「豊かな人間性とリーダーシップを備える生徒」「よりよい社会の構築に貢献できる生徒」を目標に掲げています。私たち教師はこの目標をしっかりと考えながら、実際の教育現場で展開していきたいと考えています。

加賀《かが》　大学《だいがく》　校長先生

【Q】御校では「育てたい3つの力」がしめされていますが、それについてお話しください。

【加賀先生】3つの力とは、①科学・論理的思考力　②表現コミュニケーション力　③社会生活実践力です。

まず科学・論理的思考力については、次世代を担うリーダーを育てるためには、当然ものごとに対

して科学的な論拠に基づき、しっかり考察・分析していく力が求められます。さまざまな事象を論理的に理解し、順序立てて説明する力が必要だということです。

表現コミュニケーション力は、相手の主張を的確に把握し、自己の考えや行動をその場にふさわしい方法で表現し、相手とお互いによいものをつくりだしていけるような表現力、コミュニケーション力の育成をめざしたいということです。

社会生活実践力は、学校で勉強したことを実際に社会にでてから活用していけるような力を身につけることです。さまざまな社会現象を多面的にとらえる知識や技能を持ち、課題解決のために活用できる実践力を身につけてほしいということです。

6年間を3期に分け段階的に学力を養成

【Q】御校は2学期制を採用しておられますが、その意図をお教えください。

【加賀先生】 2学期制にしたのは、前期・後期という大きなくくりのなかで授業時間をできるかぎり多く確保したいということです。そして行事などを前期・後期でバランスよく取り入れる面からも年間をとおして構成しやすいという点があったからです。

【Q】6年間を「基礎期」「充実期」「発展期」と3期に分けた教育が行われていますね。

【加賀先生】 本校では、6年間を発達段階に応じて3期に分け、生徒一人ひとりの個性に応じてじっくりと指導することで、中高一貫校の強みをいかしています。

「基礎期」「充実期」「発展期」それぞれに〈学習〉＝しっかり学び、〈生活〉＝じっくり育て、〈キャリア教育〉＝ゆっくり探る、といった3つの力を育む教育活動を展開し学びを深めていきます。

まず、「基礎期」（1・2年）は、1クラス32名の5クラス編成によるきめ細かな指導を行っています。国語・数学・英語に重点をおき6年間の学びの基礎を定着させます。「充実期」（3・4年）からは1クラス40名で4クラス編成になります。また、高校の内容を先取りして学習します。「発展期」（5・6年）の5年次には選択科目を取り入れながら授業を行い、

カリキュラム紹介

1 サイエンスチャンネル かながわ次世代教養

サイエンスチャンネル＝自然に親しみ、興味や関心に基づいて実験や観察を行い、探究心を育んでいきます。知的好奇心を刺激し、科学・論理的思考力が育てられます。探求活動をつうじて発見したことや考えたことをみんなの前で発表し、そのあとで質疑応答が行われます。校外活動における宇宙航空研究開発機構（ＪＡＸＡ）や県立がんセンターでの学びはこうしたことの一環です。週１時間を設けて４年間行います。

かながわ次世代教養＝ＩＴスキルや英語コミュニケーション力を身につけ、それらを活用してグローバルな舞台で活躍するリーダーの育成をめざします。１年次ではプレゼンテーションに必要なＩＴのスキルを身につけるとともに英語コミュニケーション力を高めます。２年次以降は、そのスキルを活用して、日本の伝統文化や地球環境をテーマに英語によるプレゼンテーションと質疑応答が行われます。次世代のリーダーに求められる能力を６年間で体系的・継続的に学習していく取り組みです。

2 3つのメソッドをいかした 6年間の授業

「読書・暗誦・ドリル」「発表・質疑応答・レポート」「探究・ディベート」の３つのメソッドを柱として授業が展開されています。基礎的な知識・技能を習得し、これらを活用して課題を解決するために必要な思考力・判断力・表現力が育成され、主体的に学ぶ態度が養われます。

具体的には、授業のなかで生徒が発言し発表する場面が各教科で用意されています。生徒は発表することで、自分の勉強のどこが足りなかったかに気づくチャンスが生まれ、さらには、相手の意見を聞いて、それを自分で咀嚼《そしゃく》し、相手にきちんと伝えられる力が育成されます。

英語では、ネイティブの発音に慣れながら、暗誦していきます。それをペアでプレゼンテーションすることにより、相手にどのような伝わり方をしたかがわかってきます。

自分で表現する喜び、達成感が感じられる授業が展開されています。

6年次は現代文、体育、英語以外の教科は自分の進路を見据えて、進路希望別に自由選択科目を選んで学習していきます。

土曜講座と校外学習が充実

【Q】土曜講座についてご紹介ください。

【加賀先生】 土曜講座は、希望制で午前中に45分2時限で行っています。

月曜日から金曜日までの学習を補完していくための講座を中心に、英語・国語・数学の基礎的な学習や発展的な学習を組み入れています。また、合唱講座などもあり、幅広い講座内容を用意しています。

【Q】長期休業中はどのようなことをされていますか。

【加賀先生】 夏期講座・冬期講座・春期講座を設けて、５教科を中心に、日ごろの授業の復習講座や発展的な内容の講座を開講して、生徒の学ぶ意欲に応えています。

また希望者になりますが、校外学習として、県立青少年センター科学部や県立がんセンター、宇宙航空研究開発機構（ＪＡＸＡ）などの講演に参加してきました。

6学年が一体となった 体育祭・文化祭

【Q】蒼碧《そうへき》祭についてご紹介ください。

【加賀先生】 本校では、体育部門と文化部門を合わせて蒼碧祭といっています。

蒼碧祭は早い時期から高校生活を見せてあげたいということで、中等教育学校の６学年が一体となって行う学校行事です。

体育部門はクラスに関係なく抽選で赤、青、黄、緑の４つの団に分かれ競いあいます。前期生は、全体演技のダンス・組体操や団別（学年別）のリレー、騎馬戦などの競技の練習をしてのぞみます。後期生は応援合戦やダンスパフォーマンスを披露します。

文化部門では、おもに学習成果の発表や展示、部活動の発表やメインステージでのアトラクションを行っています。今年で1期生が5年生（高校２年生）になり、行事運営の中心を担うようになりました。今後、蒼碧祭がどのように進化していくか楽しみです。

【Q】大きな行事としては芸術祭

年間行事

おもな学校行事（予定）

4月	入学式　新入生オリエンテーション合宿（1年生）
5月	社会見学
6月	蒼碧祭（体育部門）　出前授業（1年生）農業体験（2年生）
7月	出前授業（1年生）
8月	
9月	蒼碧祭（文化部門）
10月	事業所見学（1年生）
11月	
12月	芸術祭（合唱部門）
1月	芸術祭（展示部門）駅伝・マラソン大会
2月	スキー教室（1年生）イングリッシュキャンプ（3年生）
3月	成果発表会　球技大会

部活動（ハンドボール部）

イングリッシュキャンプ

スキー教室

吹奏楽演奏会

農業体験

蒼碧祭（体育部門）

もありますね。

【加賀先生】 クラス全員で行う合唱部門と、美術の授業でつくった作品の展示を行う展示部門があり、芸術表現の多様性や芸術全体への理解を深めるよい機会とします。

展示は12～1月まで実施していて、12月に全クラスの合唱祭が学校に隣接する「グリーンホール」を会場に実施され、優秀な指揮者・伴奏者・クラスには表彰があります。審査員として鹿児島大学教育学部准教授の日吉武先生をお招きしましたが、先生の講評では、説得力のある表現などについて評価をいただき、今後の合唱表現の追及の仕方を教えていただきました。

6年間で『じっくり育てる』

【Q】新入生入学時に特別な行事は行っていますか。

【加賀先生】 入学後4月下旬ごろに2泊3日の新入生オリエンテーション合宿を実施しています。ここでは、まず集団生活をとおして友情を深める仲間づくりとともに、中等教育学校での生活がどのようなものかを理解し、学習法講座や地理巡検、体験学習など盛りだくさんの内容が組みこまれています。

5月に入ると、担任との二者面談週間があります。また、7月に入ると三者面談週間があります。

私が新入生によく話すことは、6年間の自分を見つめて、最初は18歳の自分をイメージしてもらっています。それから10年後、20年後の自分をイメージしてもらいます。そのころにはおそらくしっかりと仕事に就いている、成長している自分をイメージできると思います。6年間は自分探しだけで終わらずに、自分づくりまでやってほしいと願っています。

【Q】最後にどのような生徒さんに来てほしいかお教えください。

【加賀先生】 社会のさまざまなことに関心を持ち、そうしたことに積極的にかかわろうという意欲ある生徒さんです。

本校は交通至便な場所にあり、空調設備や生徒用パソコン160台も整備されており、学習に打ちこめる環境が整ってきたと思います。6年間一貫で行う本校の教育指導を、理解してもらえる生徒さんを待っています。

募集区分：一般枠

入学者選抜方法：適性検査Ⅰ（45分）、適性検査Ⅱ（45分）、グループ活動による検査（40分）、調査書

〔グラフ〕

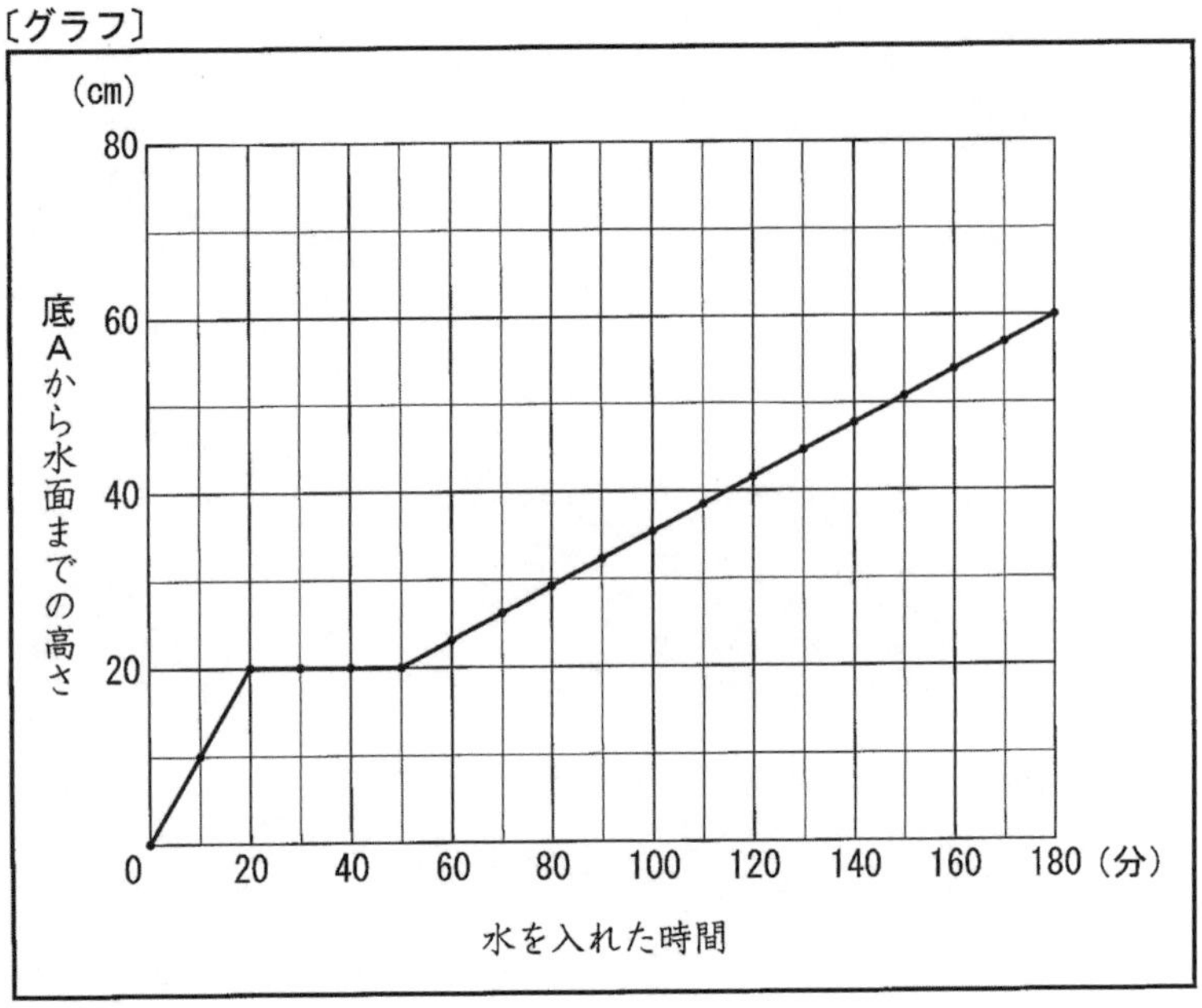

（１）池に水を180分間入れたとき，底Aから水面までの高さは60 cmでした。このことについて，次のア，イの各問いに答えましょう。

ア　このとき，池に入っている水の量は何リットル（L）か，書きましょう。

イ　底Aから水面までの高さを68 cmにするには，あと何分水を入れたらよいか，書きましょう。

（２）底Bは地面から何cmの深さか，書きましょう。

（３）いずみさんは，〔グラフ〕を使うと底の面積を比べることができることに気づきました。次の［　　］の中は，いずみさんが底Aと底Cの面積を比べてわかったことを書いたものです。［あ］，［い］のそれぞれにあてはまる数を書きましょう。また，［う］にあてはまるものとして底A，底Cのどちらか１つを選び，線で囲みましょう。

> 底Aの面積と，底Cの面積を簡単《かんたん》な整数の比で表すと，［あ］：［い］となり，［う］の方が少しだけ大きいことがわかりました。

論理的思考の基礎的な力

池の断面図から得られる情報を整理し、池のようすを実際のイメージとして形づくることができる力が必要です。

必要な情報を読み取る

水面の高さの記録グラフを加えて、読み取った情報を総合的に活用し、池の深さや底の面積を求める過程をみます。

▶2013年度 神奈川県立相模原中等教育学校 適性検査問題Ⅰより（神奈川共通）

問３　いずみさんの学校では，雨水をタンクにためて池の水として利用しています。池は水平な地面を掘《ほ》ってつくられていて，真上から見ると〔図１〕のような形をしています。〔図２〕は，〔図１〕のX --- Yの線で切ったときの池の断面図とその説明で，池の底は深さのちがいによって底Ａ，底Ｂ，底Ｃの３つの部分に分かれています。〔グラフ〕は，池に水が入っていない状態から水を180分間入れ，底Ａから水面までの高さの変化を10分ごとに測ってかいたグラフです。〔図１〕，〔図２〕，〔グラフ〕を見て，あとの（１）～（３）の各問いに答えましょう。ただし，池に入れる水の量は１分間あたり9000cm^3とし，水は池の底やかべにしみこむことはなく，すべて池にたまり，また，仕切り板の厚みは考えないものとします。

〔図１〕

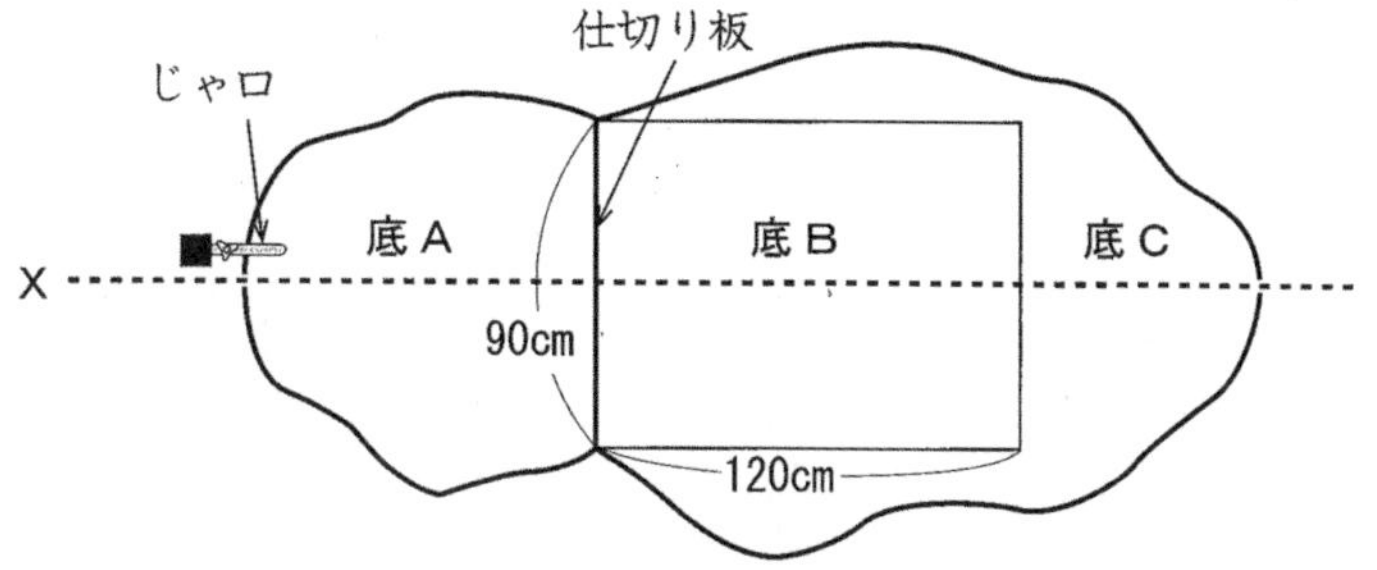

○　底Ｂは，縦《たて》90 cm，横 120 cmの長方形です。

〔図２〕

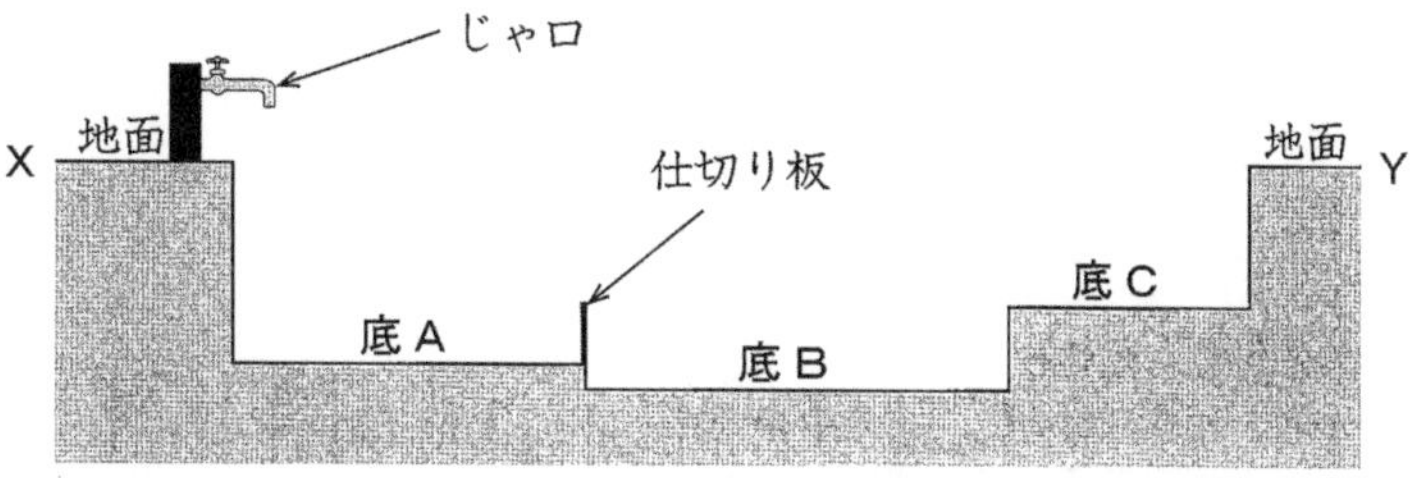

○　池の底はどの部分も水平で，かべは底と垂直《すいちょく》につくられています。
○　底Ａの地面からの深さは74 cm，底Ｃの地面からの深さは54 cmです。
○　底Ａと底Ｂの間は，底Ａからの高さが20 cmの長方形の薄《うす》い仕切り板で仕切られています。
○　タンクにためてある水は，じゃ口から底Ａの部分に注がれるように設計されています。

解説

神奈川県立の中等教育学校２校（相模原中・平塚中）は同じ問題で検査をします。適性検査Ⅰ・Ⅱでは、これからの社会に必要な力をはかるとされていて、他者の考えや発言を類推し、わかりやすく表現する力、資料を見ながら論理的に分析し、順序立てて表現、説明する力、身のまわりの事象に対する課題意識の有無などをみます。

適性検査Ⅰ・Ⅱは算・国・社・理、４教科の融合問題で、検査時間に比べてボリュームがあります。家庭にあってもふだんから新聞やニュースに触れ、問題点を読み取ったり自分の意見をまとめ、筋道立てて説明できるようにしたいものです。家庭でもさまざまな角度から話し合うような習慣をつけるとよいでしょう。

なお、2010年度まで実施していた「作文」は取りやめ、検査の日程が１日に短縮されています。

「グループ活動による検査」については、平塚中等教育学校（100 ～ 101ページ）をご参照ください。

神奈川県立平塚《ひらつか》中等教育学校

2009年開校　中等教育学校

かながわから世界とつながる次世代のリーダーを育てる

2009年に神奈川県初となる公立中高一貫校として誕生した平塚中等教育学校。「かながわ次世代教養」をとおして世界へ羽ばたく人材を育てています。

学校プロフィール

開　校…2009年4月

所在地…神奈川県平塚市大原1-13

TEL…0463-34-0320

URL…http://www.hiratsuka-chuto-ss.pen-kanagawa.ed.jp/

アクセス…JR東海道本線「平塚」バス10分徒歩7分
徒歩30分／小田急線「伊勢原」バス18分

生徒数…男子393名、女子391名

1期生…5年生（高校2年生）

高校募集…なし

2学期制／週5日制／45分授業

入学情報

・募集人員…男子80名、女子80名
計160名

・選抜方法…適性検査（Ⅰ・Ⅱ）、グループ活動による検査、調査書

3つのLで次世代のリーダーを

【Q】御校は2009年（平成21年）4月に、神奈川県初の公立中高一貫校として開校されましたが、沿革をお教えください。

【鈴木先生】本校は県立大原高等学校の敷地内に開校し、今年で5年目を迎えました。1期生は現在5年生（高校2年生）です。

取り組みの柱のひとつに、「かながわ次世代教養」があります。これは総合的な学習の一貫として次世代のリーダーを育成し、神奈川（平塚）から日本や世界を支えていこうというものです。そこで「表現コミュニケーション力」「科学・論理的思考力」「社会生活実践力」という3つの力の育成・伸長を重視した教科指導を行っています。そのなかでも本校は「表現コミュニケーション力」の育成に力を入れています。

【Q】教育理念である3つのLについてお教えください。

【鈴木先生】これは創立当初からの学校理念です。次世代のリーダーとなれる人材、人間性豊かで社会貢献ができる人材を育てることをめざし、そのための理念として「生きる（Live）」―深い洞察と

鈴木《すずき》　靖《やすし》　校長先生

鋭い感性―」、「慈しむ(Love)―高い志と豊かな人間性―」、「学ぶ(Learn)―幅広い教養と光る知性―」という「3つのL」を掲げました。この教育理念は生徒たちにしっかりと浸透し、クラス写真を撮影するときなど、みんな自然に、Lの字の指のポーズをつくっています。

【Q】御校の教育カリキュラムについてお教えください。

【鈴木先生】2学期制、45分授業で1日7時間が基本のスタイルです。後期課程は単位制になっています。6年間を3期に分け、一貫した教育を行っています。

1〜2年は基礎基本を充実させる「基礎・観察期」です。1〜2年のみ1クラス32名の少人数編成をとっています。3〜4年は「充実・発見期」として中高一貫の特徴を大切にし、中学と高校との〝線〟を引かずに学びます。そして、5〜6年は「発展・伸長期」として、将来像を描きながら、次の進路をめざした取り組みを行っています。

中学校段階では、学習指導要領に定められている標準時間より、週4〜5時間多くの授業を行っています。その増えた4〜5時間は国語・数学・英語にあて、無理なく発展的な学習を行います。教科によっては、中1や中2で高校カリキュラムの内容を勉強することもあります。たんに上級の学年の学習範囲を先取りして勉強するということはなく、中高一貫の6年間で体系的なカリキュラムとなっています。こうして5年次段階で高校課程を修了する科目もありますが、6年次の1年間で、体系的に復習し、さらに深い発展的な学習を行っていきます。

数学と英語で習熟度別授業を取り入れ、少人数で段階に応じた学習を行い、ふだんの授業で論理的思考力の育成に力を入れています。今年は3年生以降の学年の英語と数学はすべて習熟度別で行っています。来年度以降は2年生を4クラスにし、習熟度別授業を充実させていこうと考えています。

また、朝のショートホームルームの前に、〝モーニングタイム〟という10分間の「朝の読書活動」を行っています。

【Q】3つの力の育成というお話がありましたが、どのように学習に取り入れているのでしょうか。

カリキュラム紹介

1 多彩な取り組みが注目の「かながわ次世代教養」

「かながわ次世代教養」は、「伝統文化・歴史」、「地球環境」、「英語コミュニケーション」、「ＩＴ活用」の４つの分野を、かながわの地域の特性をいかしながら体系的に学ぶことで、未知の事態や新しい状況に対応できる力を養っていくことを目的としています。

平塚中では、この4分野を1～6年まで週2時間ずつ学んでいきます。１年生では自分でプログラミングまでするロボットを制作。２年生は地球環境について学ぶ講演会が行われています。また、地元の相模人形芝居を体験したり、2泊3日英語だけを使って過ごすイングリッシュキャンプなど、授業だけではなく、さまざまな行事をとおして、各学年で好奇心を育み、子どもたちの世界を広げていく取り組みが行われています。そして、最終的に6年次で卒業論文にまとめていくことになります。

「かながわから日本へ　そして日本から世界へ」と、世界へ羽ばたいていく新しい時代のリーダーを育てています。

2 「英語コミュニケーション」は充実した行事が目白押し

国際的に活躍できる人材育成というキーワードのもと、「英語コミュニケーション」を１年生から取り入れ、６年間をとおして英語力を磨いていきます。

１年生で自由参加のイングリッシュワークショップが行われ、２年生では全員参加の2泊3日のイングリッシュキャンプがあります。ここでの会話はすべて英語で行われます。そのほか、４・５年生を対象としたエンパワーメントプログラムでは国内において日本に来ている留学生と小グループをつくってディベートを行います。４年生では希望制でイギリス語学研修があります。約2週間ホームステイを行い、現地の人と交流し、日本文化を紹介します。そして、集大成として５年生でグアムでの海外研修旅行があります。

こうした６年間のさまざまプログラムにより、英語に慣れ親しみ、英語で発信し受け取れる力を磨いていきます。これらの経験から海外の大学への進学を希望する生徒もでてきています。

【鈴木先生】本校の学習活動では、授業や行事などに横断的に組み込まれており、〝キャリア教育グランドデザイン〟として示しています。

例えば、「表現コミュニケーション力」の学びは、授業や特別活動など、あらゆる場面にあります。本校では1年生からグループや個人で発表する機会を多く設けています。文化祭や学習成果発表会、弁論大会や課題研究の発表など、クラスごとに発表があり、優秀者は全校生徒の前で発表します。こうした発表を見聴きし、自分の考えをまとめて発表することの大切さを、それぞれの生徒が受け止めていると感じます。

世界にでるために 日本の伝統文化を知る

【Q】「かながわから日本へ　そして日本から世界へ」というスローガンがありますが、具体的にどのような活動をされているのでしょうか。

【鈴木先生】国際社会で活躍するためには、英語が使えるようになるのはもちろんですが、世界にでていく人間にとって、自分の国の伝統文化を知ることは必要不可欠なことです。そのためには、1年生では地域の伝統芸能である相模人形芝居体験、2年生で鎌倉での歴史探訪、3年生で京都・奈良の伝統文化に触れます。また、百人一首大会や歌舞伎見学などもそのひとつですね。

こうした取り組みは、かながわ次世代教養の時間を使って事前学習を行い、文集や新聞形式にまとめる振り返り学習を行います。

こうして身近なところから日本の伝統文化を知り、4年生のイギリス語学研修（希望制）や、5年生全員のグアムでの平和学習や国際交流活動につなげていきます。

【Q】3・4年生での勉強合宿についてお教えください。

【鈴木先生】これは2泊3日で行うもので、今年の3年生は12月に行く予定です。

中高一貫教育では高校受験という大きな山を越えることがないので、人生のひとつの緊張感をつくりだしてあげるのが目的のひとつです。ふつうの公立中学校の3年生は高校受験を控える時期です。〝真の学び〟を体験するために、授業を含めて1日10時間の勉強に

年間行事

おもな学校行事（予定）

4月	入学式 オリエンテーション合宿（1年）
5月	冒険プログラム（2年） 大学・博物館訪問（3年）
6月	翠星祭文化部門　七夕
7月	鎌倉歴史探訪（2年） 歌舞伎鑑賞（4年）職場体験（4年）
8月	
9月	翠星祭体育部門
10月	学習成果発表会
11月	芸術鑑賞　かながわ探究 地域貢献デー
12月	研修旅行 イングリッシュキャンプ（2年）
1月	百人一首大会　合唱コンクール
2月	勉強合宿（3年）
3月	歩行大会　イギリス語学研修（4年） スポーツ交流会

授業風景（英語）

相模人形芝居

翠星祭文化部門

歩行大会

海外語学研修

翠星祭体育部門

挑戦します。ふだんなかなかこれだけ勉強できませんから、「10時間も勉強できた」という自信と達成感を身につけさせたいという意図があります。あとは、ひとりではなく、みんなで切磋琢磨するという経験ですね。4年次で実施するのは、高校段階に入り10時間という物量的な勉強時間を乗り切り、自分の進路となる大学進学を意識させるためでもあります。

【Q】キャリア教育はどのようなことを行っていますか。

【鈴木先生】授業を含め、さまざまな行事が生徒一人ひとりのキャリア教育につながっていると考えています。

わかりやすい例としては3年生で行う東京探訪では、裁判所に見学に行ったり、教養を深めるために美術館や博物館にでかけます。また、東京大学や慶應義塾大学などのキャンパスを訪れ、大学のようすをキャンパスで学生さんに調査したりします。ふつうの中学3年生であれば、高校受験を考えているわけですが、中高一貫ですので、その期間にすでに大学のことを身近に考えるチャンスがあるわけです。

もちろん、それがすぐに将来の進路につながるわけではありませんが、大学のようすを知る（学ぶ）ことで憧れの対象となったり、大学を知る入り口になります。さまざまな仕組みを前倒ししながら、体系的に継続したつながりを持った中高一貫教育を行っています。

【Q】今後どのような生徒に入学してほしいですか。

【鈴木先生】私は日ごろ、「夢を2つ3つ持ってほしい」と話しています。入学時分は、まだ中学生なので自分でも自分のことがわからないと思いますし、夢が見つからない生徒もいるでしょう。〝夢に向かって生きる〟そのきっかけをここでつかんでほしいのです。

夢はこの学校だけで達成できるものではありませんから、将来に向かってやりたいことを追い求めて挑戦する、チャレンジャーになってほしいですね。

この学校は、成長段階に合わせた夢を見つけるための入り口が、いつでも、どこにでも転がっています。本校には6年間をとおしてそういう仕組みがあり、入学してくれた生徒たちに、そのお手伝いをしてあげたいと思っています。

神奈川県立平塚中等教育学校

募集区分：特別枠・一般枠
入学者選抜方法：【一般枠】適性検査Ⅰ（45分）、適性検査Ⅱ（45分）、グループ活動による検査（40分）、調査書

グループで話し合いをする。　（35分）

（2）あなたの考えと，そのように考えた理由を，1分ぐらいで発表しましょう。

（3）それぞれの発表をもとに，グループとして1つの案をつくりましょう。
　必要があれば，画用紙とフェルトペンを使いましょう。

（4）1つの案をつくったら，そのくわしい内容について話し合いましょう。

【編集部・注】

2013年度入試では3回に分けて「グループ活動による検査」が行われましたが、最終組の「第3回検査」では「校外学習の課題」が差し替えられていました。左にあげた課題「神奈川県の歴史や伝統文化について学ぶ」ではなく、「神奈川県の自然について学ぶ」でした。

まず自分の考えを構築する

与えられた課題に対し、まず自分の考えを構築して、はっきりと述べられるようにすることが大切です。

みんなの意見としてまとめる

グループの考え（案）としてまとめようとする意欲、みんなで話しあう進め方もみられ、リーダー力も問われます。

▶2013年度 神奈川県立平塚中等教育学校 グループ活動による検査より（神奈川共通）

課題 あなたは，神奈川《かながわ》県立中等教育学校に入学した１年生とします。あなたの学級では，４月に学級目標を決めるための話し合いを行い，目標は「みんなで助け合い，よりよい学級をつくろう。」になりました。５月には校外学習が行われますが，学級目標をふまえて内容を決めることになりました。１か月前の今日は，校外学習の内容について，学級会に提案するための案をグループで話し合う日です。次の〔校外学習について〕を読み，あとの（１）～（４）に取り組みましょう。

〔校外学習について〕

○ 校外学習に行く日：５月17日（金曜日）

○ 校外学習の課題：神奈川の歴史や伝統文化について学ぶ。

○ それぞれの学級で，どのような内容を学習するかを決め，学級で決めた場所で校外学習を行う。

自分の考えをまとめる。（５分）

（１）５月17日の校外学習当日は，どのような内容にしたらよいでしょうか。学級目標をふまえて考えましょう。あなたの考えをみんなに発表できるように，下の欄《らん》に書きましょう。なお，具体的にどこで学習するかを合わせて考えてもかまいません。

あなたの考えとその理由

解説

神奈川の中等教育学校２校（相模原中・平塚中）は同じ問題で検査をします。当初行われていた「作文」を取りやめ、検査の日程が１日に短縮されています。これは受検生の負担を軽減するのがねらいとのことです。

作文で評価していた「学習意欲」「表現力」については、「グループ活動による検査」のなかで見極めていきます。これにより、「グループ活動による検査」での評価の比重が高くなったのではないかといわれています。

「グループ活動による検査」は男女別に８人程度のグループで行われ、課題をふまえて40分で検査されます。出題のねらいは「与えられた課題について、自分の意見をまとめ、グループでの話し合いや作業を行い、活動へのかかわりをとおして、集団のなかでの人間関係構築力の基礎的な力をみる」とのことです。

適性検査Ⅰ・Ⅱについては、相模原中等教育学校（94～95ページ）でも解説しています。

横浜市立南《みなみ》高等学校附属中学校

併設型　2012年開校

2012年4月に開校した 横浜市初の中高一貫校

2012年（平成24年）、横浜市に初となる公立中高一貫校が誕生しました。国語教育を中心に、9教科をバランスよく学ぶカリキュラムを構築。基礎学力養成を徹底するとともに、独自の総合的な学習の時間「EGG」により、高い学力と豊かな人間性を育成します。

学校プロフィール

開　校…2012年4月

所在地…神奈川県横浜市港南区東永谷2-1-1

TEL…045-822-9300

URL…http://www.edu.city.yokohama.jp/sch/hs/minami/jhs/

アクセス…横浜市営地下鉄「上永谷」徒歩15分、京浜急行・横浜市営地下鉄「上大岡」・横浜市営地下鉄「港南中央」、バス

生徒数…男子151名、女子169名

1期生…中学2年生

高校募集…あり

2学期制／週5日制／50分授業

入学情報

・募集人員…160名（男女概ね各80名）

・選抜方法…調査書、適性検査（Ⅰ・Ⅱ・Ⅲ）

横浜市民に中高一貫という新たな教育サービスを

【Q】2012年4月に御校が開校されました。設立にいたった経緯をお教えください。

【高橋先生】横浜市の教育委員会では高等学校の再編整備を行っており、そのなかで、2009年に横浜サイエンスフロンティア高校の開校、2010年に市立金沢高校への特進コースの設置、そして市立南高校に横浜初の公立中高一貫校をつくることになりました。これは、横浜市民に対して、多様な選択肢を用意する行政サービスのひとつとなっています。

高橋《たかはし》　正尚《まさなお》 校長先生

【Q】開校して1年が経ちました。現状をどのようにお考えですか。

【高橋先生】学校側が考えていた以上に、学力レベルの高い生徒たちが入学してきています。そうした生徒たちが、9教科すべての学習にバランスよく取り組み、合唱コンクールや体育祭などの教育活動にも意欲的に取り組んでいます。

さらに感じるのは、生徒たちはこの学校の生徒であることに誇りを持っているということです。これまでの南高校の伝統を受け継ぎながらも、自分たちが新しい歴史

をつくっていくんだ、という意欲を持っています。

【Q】教育理念としている「知性・自主自立・創造」についてお教えください。

【高橋先生】 私たちは、現在、6年後の子どもたちに、「豊かな人間性」と「高い学力」、このふたつを兼ね備えた人間になってほしいという願いがあります。

　このふたつを実現するためには、「知性・自主自立・創造」の3つの教育理念が大切だと考えています。

　そして、これらの理念を具現化するために、「学びへのあくなき探究心を持つ人材の育成」「自ら考え、自ら行動する力の育成」「未来を切り拓く力の育成」という教育目標を掲げています。

　中学校の開校にともなって、3つの中期目標を設定しました。それが「コミュニケーション力の育成に対応した教育内容への生徒・保護者の満足度を90%以上」、「生徒の授業満足度を90%以上」、「将来、国公立大学入学者80名以上（1学年160人）をめざし6年間で基礎学力・学習習慣・強い意志を育成する」の3つです。

高い学力の習得に向け国語教育の充実を重視

【Q】「高い学力の習得」に向けた具体的な内容をお教えください。

【高橋先生】 中高の6年間一貫した教育を行うにあたり「養成期」（中1・中2）、「伸長期」（中3・高1）、「発展期」（高2・高3）と3期に分けています。「養成期」は、基礎を固め、学習習慣を確立させることを目的とし、「伸長期」は中学での学習をまとめ、高校への学習へとつなげていきます。そして、「発展期」で自分の進路について研究し、目的に向かって進んでいきます。

　9教科すべてをバランスよく学ぶことを前提とし、そのなかで最も重視しているのが「国語教育の充実」です。

　さまざまな学習の中心になるのは国語教育だと考え、読む、書く、話す、説明するなどの言語能力やコミュニケーション能力を高める活動を各教科の授業のなかで実施しています。

　中1から高1までの4年間は「国語・数学・英語」の授業を毎日行います。これにより中学3年

カリキュラム紹介

1 横浜南高等学校附属中の総合的な学習「EGG」

中学３年間での総合的な学習の時間を、横浜南高附属中では「EGG…E（explore…探す、学びの探究）、G（grasp…掴む、自己の可能性発見）、G（grow…伸びる、人間性の成長）」と呼んでいます。さまざまな活動をとおして、コミュニケーション力を養い、自ら学び、自ら将来を切り開く力を育てるのが目的です。

木曜日の７校時と、月に２度の土曜日４時間を使い、「EGG体験」「EGGゼミ」「EGG講座」の３つのプログラムを実施しています。

「EGG体験」では、豊かなコミュニケーション力を育成する交流体験や研修が用意されています。プロジェクトアドベンチャー、グループエンカウンター研修、コミュニケーション研修といったプログラムでは、同じクラスの生徒同士や、別クラスの生徒同士、クラス全体などの組み合わせで、課題をクリアしていくために協力するなかで、コミュニケーション力を養っていきます。

開校から１年がたち、さまざまな研修が実施されました。生徒たちは、クラス、学年集団、それぞれの場面で活発に意見をだしあい、交流し、課題に取り組んでいました。また、今後はこうしたプログラムを継続するとともに、イングリッシュキャンプ、カナダ研修旅行などの国際交流活動も予定されています。

「EGGゼミ」では、論理的思考力を育成する多様な言語活動や、調査、研究、発表活動を行います。３年生での卒業レポート作成に向け、１年生は討議、インタビュー、スピーチなど論理的思考力を養う基礎的な講座があり、２年生ではそれがテーマ別のグループに分かれての調査、研究、発表となります。

「EGG講座」は、幅広い教養と社会性を学び、将来の進路への興味・関心を引きだすための多様な講座です。大きく分けて教養講座とキャリア教育（本文参照）のふたつがあり、教養講座では JAXA（宇宙航空研究開発機構）による「『宇宙兄弟』養成講座」、「横浜市大グローバルリーダープログラム」、「東大水中ロボット体験」など、独自の講座が多数用意されています。

また、月２回の土曜日のうち１回は、学力定着をはかるため英・数・国を中心とした集中補習を行っています。

間で385時間の授業時数増になります。

また、昨年度より授業時数を週32時間としました。２０１５年度（平成27年度）以降は、週33時間相当を確保します。

さらに、総合的な学習の時間で、さまざまな言語活動を行っています。

中学校での総合的な学習を、本校では「ＥＧＧ（エッグ）」と呼びます。これはE（explore…探す、学びの探究）、G（grasp…掴む、自己の可能性発見）、G（grow…伸びる、人間性の成長）の頭文字を取ったものです。

このＥＧＧは、木曜日の7校時と、月2回の土曜日（4時間）に実施しています。そのうち木曜日7校時を言語能力、コミュニケーション能力の育成にあてています。

3年間の教科学習の集大成として卒業レポートに取り組みます。

ほかにも、年間で計画的に本を読む「読書マラソン」や、高校の学習内容につながる古典教育の充実、さらに高校の教師による書写の専門的な授業などが教育課程に位置づけられています。

数学での中高一貫校用教材「体系数学」の使用や少人数制授業、理科の実験授業におけるチームティーチングなど、きめ細やかな指導で理数系教育の充実にも力をそそいでいます。

英語教育でも少人数授業を実施しています。1年生で3日間の英語集中講座を、2年生で英語集中研修に加え、2泊3日のイングリッシュキャンプを実施します。そして3年生では、それまで培ってきた英語力とコミュニケーション力をいかすために、姉妹校提携をしているカナダ・バンクーバーの「ポイント・グレイ・セカンダリー・スクール」などへの研修旅行を行います。

【Q】家庭学習の習慣を身につける取り組みをされているそうですね。

【高橋先生】 学力向上のポイントとして「家庭学習の習慣を身につける」ことが大切であると考えています。家庭学習を定着させるために、「私の週プラン」を使って毎日の学習内容を記録させています。

「私の週プラン」とは、おもに5教科の家庭学習の時間を毎日記録し、週末に今週を振り返り、次

年間行事

おもな学校行事（予定）

4月	入学式　校外体験学習 （プロジェクトアドベンチャー）（1年）
5月	生徒総会 コミュニケーション研修
6月	体育祭　合唱コンクール
7月	
8月	英語集中研修
9月	南高祭（舞台・展示の部）
10月	イングリッシュキャンプ（2年） カナダ研修旅行（3年）
11月	
12月	
1月	百人一首大会（2年）
2月	
3月	修了式

プロジェクトアドベンチャー

エンカウンター

コミュニケーション研修

土曜EGG

部活動

合唱コンクール

週の家庭学習の目標や課題を書くシートのことです。学級担任が毎週確認し、家庭学習の状況把握に努めています。

さらに、英語のリスニングマラソン、国語の読書マラソン、数学の問題集など、宿題を多く課しています。

その結果、家庭学習の習慣が身についてきているようです。

【Q】併設型の中高一貫校ということで、高校からも1クラス（40名）募集がありますね。

【高橋先生】高校入学の段階で新しく40人の生徒が入ってくることは、内進生にとっても、外進生にとっても、相互によい刺激になると思っています。

お互いに切磋琢磨して、活気あふれる学校にしていってほしいと願っています。

【Q】進路指導についてはどのように考えておられますか。

【高橋先生】いろいろな分野の一流のかたを招いて講演や指導をしていただく「EGG講座」のなかで、キャリア教育を行います。横浜市立大や横浜国立大とはEGGをとおして交流をはかっていますし、また、中学3年生には大学見学会を予定しています。このようにして、大学や、大学を卒業したそのさきにあるさまざまな職業について学習していくことで、自分の将来をしっかり考えさせる進路指導ができます。

【Q】行事は高校生といっしょに行うのでしょうか。

【高橋先生】体育祭・文化祭・合唱コンクールなどの行事は中高合同で行います。

中学生にとっては、高校生の取り組みが目標になり、高校生にとっても、自分たちが中学生のよい見本となりたいという意識が見られました。また、生徒会・部活動などの一部も中高合同で活動しています。

【Q】御校にはどのような生徒に入学してもらいたいですか。

【高橋先生】本校では、高い志を持ち、国際社会の発展に貢献できる生徒の育成を教育方針としています。

そのためには、「コミュニケーション力」や「論理的思考力」などの力をしっかりと身につけることが大切だと考えています。学ぶ意欲が高く、困難に立ち向かう積極的な姿勢をもった生徒の入学を希望しています。

神奈川

横浜市立南高等学校附属中学校

募集区分：一般枠（横浜市内在住、県内生で市外在住者は30％以内）
入学者選抜方法：適性検査Ⅰ（45分）、適性検査Ⅱ（45分）、適性検査Ⅲ（45分）、調査書

問題2　みなみさんは工作用紙で1辺2cmの立方体をたくさん作り、【図4】のように1段で1個、2段で5個、3段で14個・・・とすきまなく立方体を積み重ねて立体を作りました。

【図4】

1段　　2段　　3段

　みなみさんが1段の立体の表面全体（底面はのぞく）を赤色にぬったとき、赤色にぬられた面の面積の和は20cm²になり、2段の立体の表面全体（底面はのぞく）を赤色にぬったとき、赤色にぬられた面の面積の和は64cm²になります。

（1）みなみさんが【図5】のような10段の立体をつくり、表面全体（底面はのぞく）を赤色にぬったとき、赤色にぬられた面の面積の和を求めなさい。

【図5】

10段

（2）みなみさんが赤色にぬられた【図5】の10段の立体をふたたび1辺2cmの立方体にばらばらにしたとき、どの面にも赤色がぬられていない立方体は何個ありますか。

🔍 展開図から実物をイメージ

図2の展開図から立方体に描かれた文字の向きをイメージとしてとらえられたか。展開図は小学校で習っています。

🔍 数理的に分析する力をみる

数理的な問題を分析し考察する力や、解決に向けて思考、判断し、的確に表現する力をみます。想像力も問われます。

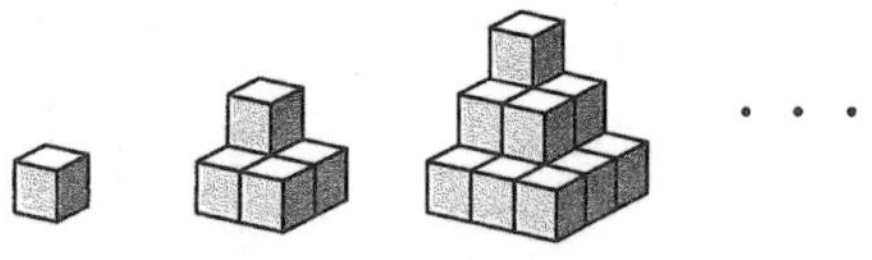

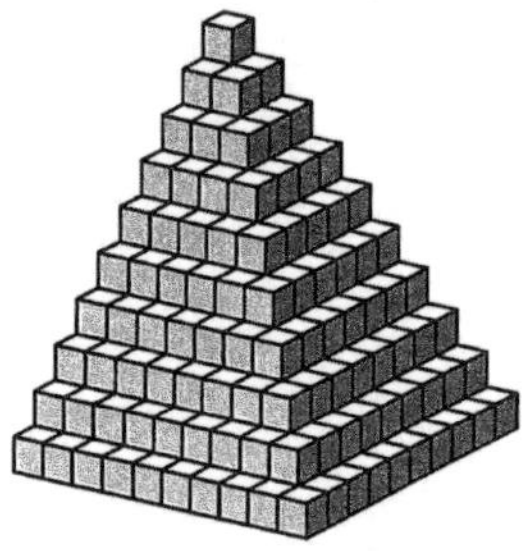

▶2013年度 横浜市立南高等学校附属中学校 適性検査問題Ⅱより

1　みなみさんは立方体について学習しています。

問題１　みなみさんは工作用紙で【図１】のような立方体をいくつか作り、外側のそれぞれの面に「M」「I」「N」「A」「M」「I」という文字を１文字ずつ書きました。その立方体の展開図《てんかいず》の１つが【図２】です。みなみさんは【図２】以外に【図３】のような５種類の展開図をかきました。解答用紙の【図３】の展開図に「A」以外の文字を向きに注意してすべて書きなさい。

【図１】

【図２】

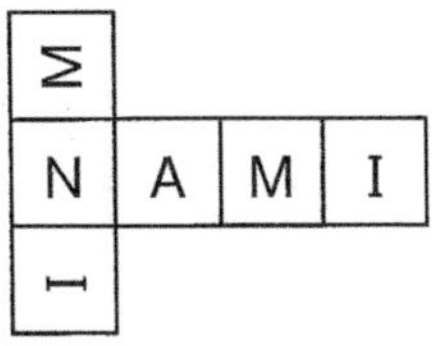

【図３】

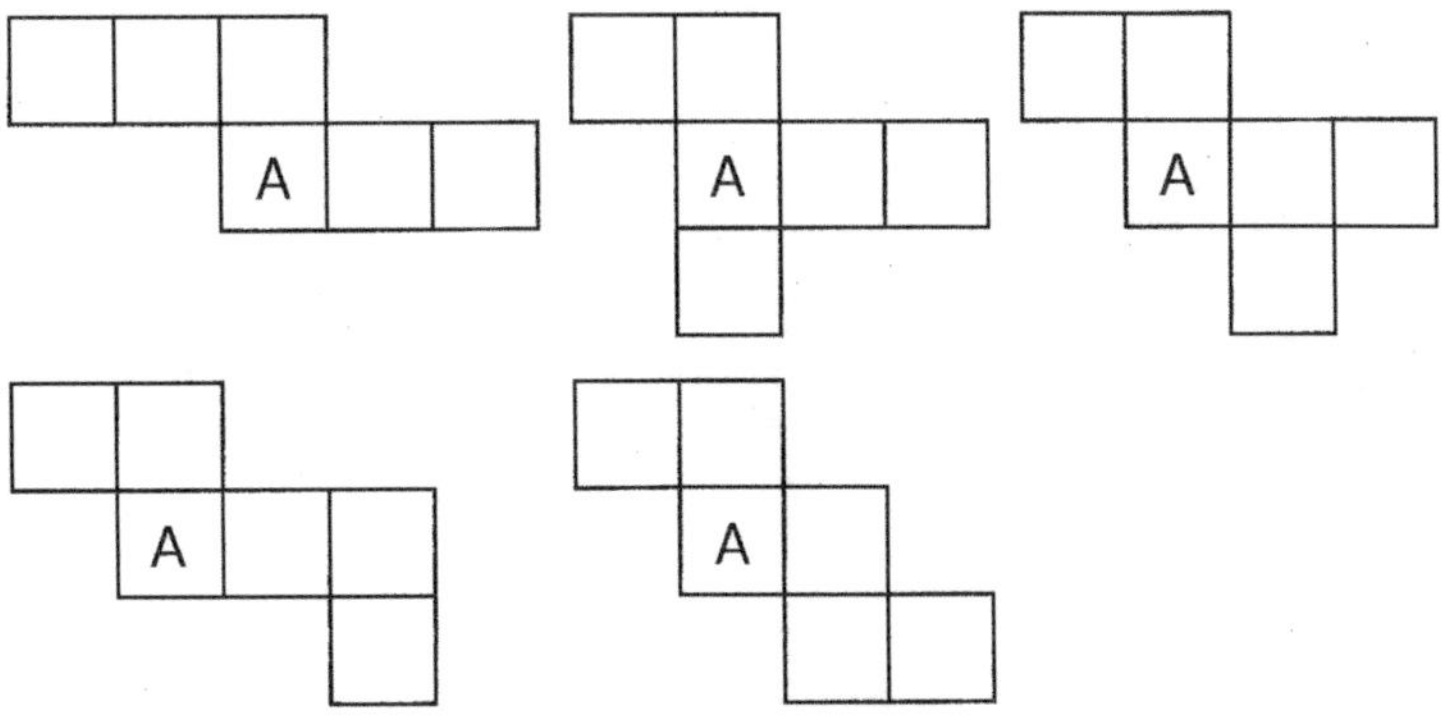

解説

横浜市立南高等学校附属中学校の入学者選抜では、調査書と適性検査Ⅰ、Ⅱのほかに適性検査Ⅲも行われるのが特徴です。これらの評価比率や配点は公表されておらず、適性検査の結果と志願者が提出した「調査書」による総合的選考を行う、とされています。適性検査Ⅰは文章を読解して自分の意見を表現します。文章やデータの内容を的確にとらえ、分析し表現する力をみています。開校2年目であった2013年度でも、450～500字の作文表現で、そこでは三段落の構成が指示され、「はじめ・なか・おわり」を意識して書くことを求められました。

適性検査Ⅱは、自然科学的な問題や数理的な問題を分析し考察する力や、解決に向けて思考、判断し、的確に表現する力をみるための算数・理科の問題でした。

適性検査Ⅲは、社会科の問題で、図や表、データなどで表された情報を読み解き、そこから得られる情報を理解する力をみました。2013年度の出題は、配分時間に比べ問題量が多くスピーディな解答作業が求められました。

川崎市立川崎《かわさき》高等学校附属中学校

併設型　2014年開校

国際都市川崎の未来をリードする人材を育成

2014年、川崎市に新たな公立中高一貫校が誕生します。川崎市立川崎高等学校に併設される中学校は「体験・探究」「ICT活用」「英語・国際理解」を重視し、最先端の校舎で充実した教育が行われます。

学校プロフィール

- **開　　校**…2014年4月
- **所 在 地**…神奈川県川崎市川崎区中島3-3-1
- **T　E　L**…044-200-2838（川崎市教育委員会事務局教育改革推進担当）
- **U　R　L**…http://www.keins.city.kawasaki.jp/3/ke305401/
- **アクセス**…JR線「川崎」バス10～15分、京浜急行大師線「港町」徒歩10分
- **高校募集**…あり
- **週5日制／45分授業**
- **入学情報**
  - ・募集人員…120名（男女）
  - ・決定方法…作文を含めた適性検査、面接、調査書

和泉田《いずみだ》政徳《まさのり》
川崎市教育委員会
教育改革推進担当課長

市立川崎高等学校に併設型中学校が新設

【Q】川崎市立川崎高等学校に附属中学校が設立されることになった経緯を教えてください。

【和泉田先生】学校教育法が改正され、1999年度（平成11年度）より、中高一貫教育を選択的に導入することが可能となりました。これを機に川崎市でも中高一貫教育についての検討が行われ、2007年（平成19年）、市立高等学校改革推進計画のなかで中高一貫教育の導入が決定し、川崎市立川崎高等学校に附属中学校が併設されることになりました。

【Q】母体となる市立川崎高等学校はどのような学校なのでしょうか。

【和泉田先生】市立川崎高等学校は普通科だけではなく、生活科学科、福祉科という専門学科を設置している学校です。学校教育目標は「心豊かな人になろう」です。

【Q】附属中学校から高校に入学する生徒は、何科に進むのでしょうか。

【和泉田先生】中学校から入学した生徒は、高校の普通科に入ることになります。現在4クラスある普通科のうち3クラスぶん（12

西側校舎イメージ図

0人）を中学校から、1クラスぶん（40人）を高校から募集します。

　市立川崎高等学校には、普通科と専門学科があることや、6年間のなかで人間関係の活性化を図るという点から併設型を取り入れました。

【Q】授業時数やカリキュラムについて教えてください。

【和泉田先生】 授業は45分で1日7時間、週あたり35時間でじゅうぶんな授業時間数を確保します。また、中1では国語、数学、英語の授業が毎日行われます。

　市立川崎高等学校附属中学校の最も大きな魅力はLEADプロジェクトと呼ばれる教育です。これは「Learn」（学ぶ）、「Experience」（体験）、「Action」（行動）、「Dream」（夢）の頭文字を取ったもので、この学校で育った子どもたちが文字どおり、川崎市をそして未来をリードしていくという願いが込められています。

　このLEADプロジェクトのキーワードが、「体験・探究」、「ICT活用」、「英語・国際理解」の3つであり、これから社会で活躍するために必要な力を育む手だてとして実践していきます。

「体験・探究」「ICT活用」「英語・国際理解」

【Q】「体験・探究」、「ICT活用」、「英語・国際理解」とは具体的にどのような内容なのでしょうか。

【和泉田先生】「体験・探究」の学習はおもに、総合的な学習の時間を使って行います。6年間を2年ずつ3つのステージ（定着期・充実期・発展期）に分けて考え、それぞれのステージごとに発展的に学んでいきます。

　川崎という町には、さまざまな人やもの、大学や最先端の研究施設、企業などがあります。自分たちの町を知ることを含め、こうした「まち」や「ひと」の強みを利用した活動を行っていきたいと考えています。実際に農業体験をして一次産業を学んだり、大学との連携をはかった取り組みや、研究施設への見学、また、企業との連携も模索しています。

　こうした学びをとおして、子どもたちが自ら感じ、経験していくなかで、夢を見つけ、自己実現につなげていきたいと考えています。夢の実現というのは、大学への進学を目標とすることではありません。当然、その先、自分がどういう仕事につきたいか、なにをしたいかということをキャリア教育としてやっていきたいと思っています。

「英語・国際理解」では、活用できる英語力の育成を目標に、「読み・書き・話す・聞く」をバランスよく学んでいきます。そして授業で学んだ英語を実際に使用する場として、英語での学習発表会や、校内で英語漬けとなるイングリッシュキャンプなどが予定されています。

そのほか、留学生との交流やJICA研修施設・大使館の訪問などを行い、世界各国の人たちとの交流をとおして、異文化を知り、英語を使ったコミュニケーション能力を養っていきます。

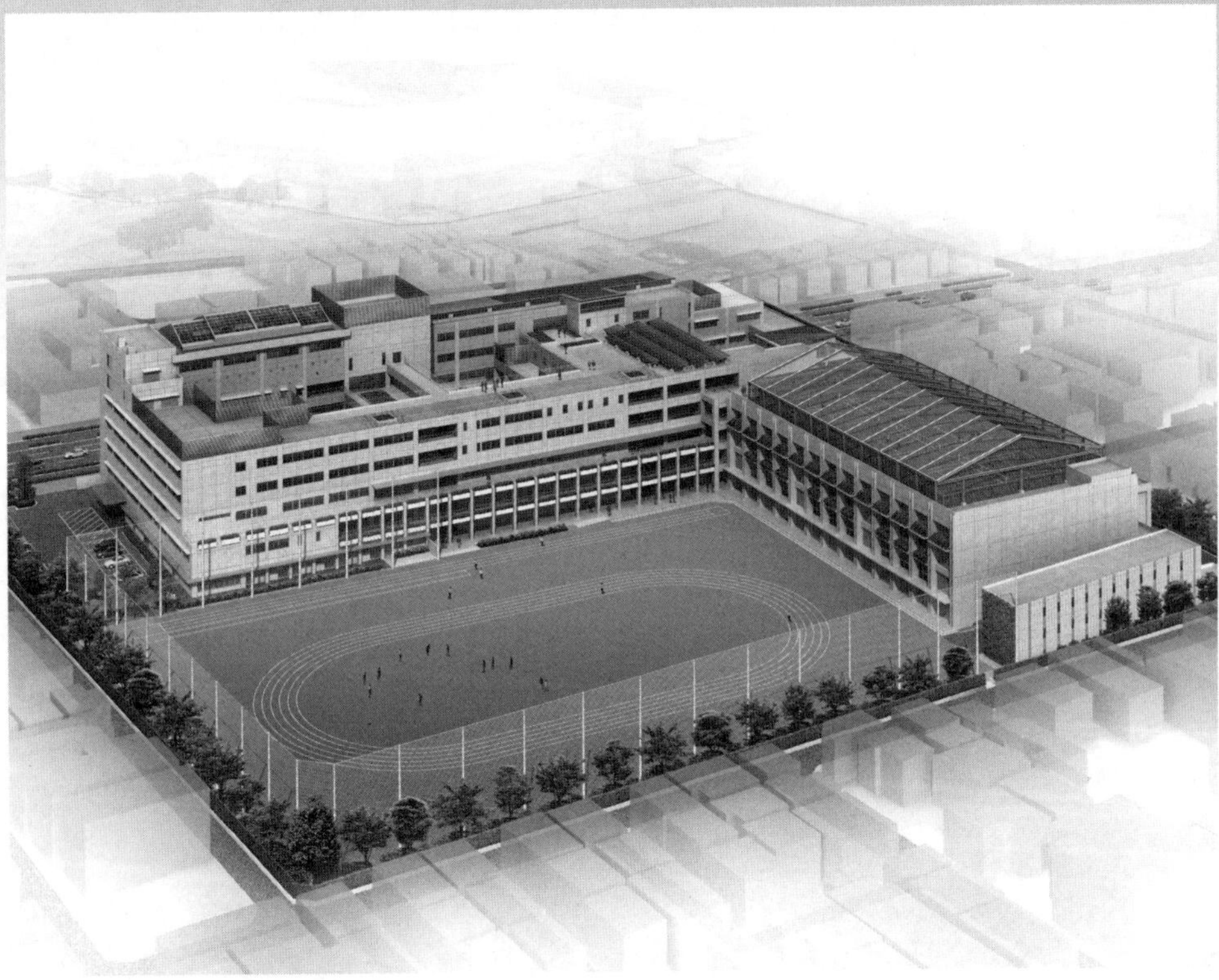
校舎・全景イメージ図

「ICT活用」では、教室に電子黒板機能つきのプロジェクターが設置され、デジタル教科書を使用しての授業が展開されます。各教室に無線LANが設置されているので、さまざまな場面でインターネットを使った調べ学習を行うほか、生徒間や生徒と教師の間で情報のやりとりを行うなど、ICTを活用した授業を行います。

【Q】現在、建設中の新校舎がその舞台となるわけですね。

メディアスペース・教科教育・教育ステーションのイメージ

【和泉田先生】この校舎で中1から高3まで学ぶことになります。この新校舎は学習環境が非常に充実しています。中2までは自分のクラスで勉強しますが、中3からは、それぞれの教科ごとの教室で授業を受けるようになります。各教科教室の近くには、自分たちの学習の足跡や最新情報が掲示してあるメディアスペースと教科教員ステーションがセットになっていますので、そこに行けば知りたい情報があり、いつも近くに先生がいるので、いつでも質問ができるようになります。

また、各ステージに応じてステージ教員ステーションを用意しています。

【Q】最後に御校を志望するお子さんや保護者にメッセージをお願いします。

【和泉田先生】いろいろな意味でいい影響を受けるチャンスがある学校です。普通科だけでなく、専門学科の生徒たちも、中学生も高校生も含めて、幅広い交流ができるようにしたいと考えています。体験やいろいろな活動をとおして、地に足の着いた骨太の子どもたちを育てていきたいです。

川崎市立川崎高等学校附属中学校については、本誌締め切り（6月末日）までに模擬検査問題等は公表されていないので、検査の方針について以下にまとめました。

なお、7月～8月に学校説明会、11月には志願説明会（下記参照）が行われますので志望校として考えられている場合は参加をおすすめします。

■入学者選抜の概要

1　入学者選抜日程

願書受付　1月8日(水)

検査日　2月3日(月)

合格発表　2月10日(月)

※神奈川県立の中等教育学校や横浜市立南高等学校附属中学校では、他の公立中等教育学校または併設型中高一貫教育校に志願した者、志願予定者の志願は認めていない。

2　検査の方法等

（1）検査の内容

「作文を含めた適性検査」「面接」「調査書」を資料とし、総合的な選考によって、入学者を決定する。

・作文を含めた適性検査

小学校学習指導要領に基づき小学校教育において身につけてきた、主体的に学習に取り組む態度とともに、習得している基礎的・基本的な知識や技能を活用して課題を解決するための思考力・判断力・表現力等、学ぶ意欲や素養・適性を総合的に測る。

・面接

志願者との直接的な対話を通して、質問に対する答えの内容、受け答えの仕方や態度等から、意欲、表現力、社会性等の素養・適性を総合的に測る。

・調査書

志願者の小学校での学習の状況を測る。

（2）検査時間

検査時間については、受検する児童にとって過度の負担にならないように配慮し、小学校における学習単位時間が45分間であることから、検査1単位時間の上限を45分間とする。

（3）合否の決定

選考資料として「作文を含めた適性検査の結果」「面接検査の結果」「調査書の記載内容」等を活用し、総合的な選考によって入学者を決定する。なお、選考資料の活用については、選考の目的等を考慮したうえで、原則となる配分を設けることとする。その比率は、開校初年度については、作文を含めた適性検査7割、面接2割、調査書1割とする。

■学校説明会

【対象者】 川崎市在住の小学6年生の児童とその保護者　※小学5年生の児童とその保護者は、7月31日と 8月2日であれば参加できる。

【期日】

平成25年7月31日（水）、8月2日（金）、8月3日（土）

※どの日も、朝、昼、夕の3回、計9回実施する。

【開始時刻】 ※受付は30分前から（各回同一内容）

朝の部…10:00 ～、昼の部…12:00 ～、夕の部…15:00 ～

【会場】 川崎市教育文化会館（大ホール）

※説明会の参加には、事前申し込みが必要。

インターネットをつうじて申し込むことができる

学校説明会申し込みハガキ記入例

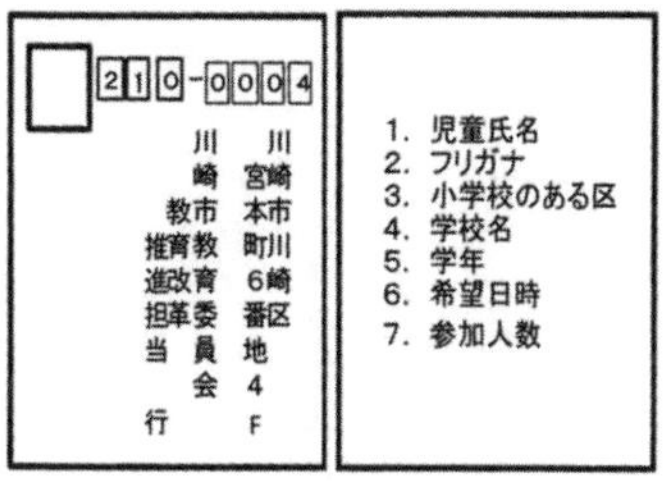

【HP検索→】

川崎市立川崎高等学校附属中学校開設準備のページ。また、ハガキ（上記）でも申し込みできる。

■志願説明会（詳細は後日発表）

【期日と会場】 11月1日（金）、2日（土）川崎市教育文化会館（大ホール）

11月3日（日）高津市民館

学校別適性検査分析

川崎市立川崎高等学校附属中学校

募集区分：一般枠（川崎市内在住）

入学者選抜方法：入学者選抜方法:作文を含めた適性検査(45分)、面接、調査書

千葉市立稲毛《いなげ》高等学校附属中学校

併設型　2007年開校

日本人としての自覚を持ち 世界で活躍できる真の国際人を育成

2007年の開校から7年目。今年初めて1期生を送り出しひとつの節目を迎えました。すべての教育活動をとおして、「真の国際人」の育成をめざします。

学校プロフィール

開　校…2007年4月

所 在 地…千葉県千葉市美浜区高浜3-1-1

T E L…043-270-2055

U R L…http://www.inage-h.ed.jp/infjuniorhigh/

アクセス…JR京葉線「稲毛海岸」徒歩15分、JR総武線「稲毛」バス

生 徒 数…男子119名、女子120名

1 期 生…2013年3月卒業

高校募集…あり

2学期制／週5日制／50分授業

入学情報

・募集人員…男子40名、女子40名計80名

・選抜方法…報告書、適性検査（Ⅰ・Ⅱ）、面接、志願理由書

一貫教育で育てるバランスのとれた学力

【Q】御校の沿革と教育方針についてお教えください。

【山本先生】本校の設立母体である千葉市立稲毛高等学校の創立は、1979年（昭和54年）です。本校は2007年（平成19年）4月に千葉県内初となる公立の併設型中高一貫教育校としてスタートしました。

今年2013年（平成25年）に開校から7年を迎えました。今春1期生が高校を卒業し、ひとつの節目を迎えました。

「確かな学力」「豊かな心」「調和のとれた体力」を身につけた真の国際人の育成を教育目標に、校訓「真摯」「明朗」「高潔」の3つを掲げています。

「確かな学力」を育成するために、文系・理系に偏らないバランスのとれた学力を保証して自己実現をめざしています。

さらに「豊かな心」を育成するために、自然教室や職場体験などのさまざまな体験学習活動を行い、個人の価値を尊重し異文化を受容できる豊かな心を持つ生徒を育てていきます。

常日頃から、真の国際人とはな

山本《やまもと》　昭裕《あきひろ》 校長先生

にかを生徒にも先生がたにも問いかけています。真の国際人とは英語教育だけでは育たないと考えており、まず、日本をよく学んで、日本人としての自覚を持って世界で活躍できる人材を育てていくことが本校の役割だと思っています。

また、生徒にはよく、ゴールを定めなさいとも言っています。大学に入るだけではなく、そのさきの目標に向かうためには、それまでの過程で、なにをしたらいいのかということを自覚して、取り組んでいってもらいたいです。そういう生徒を育成しています。

【Q】中高一貫教育のカリキュラムについてお話しください。

【山本先生】50分授業の2学期制で、月曜日と水曜日は7時限、ほかの曜日は6時限まで授業が行われます。土曜日は授業を行わずに、部活動などに活用され、週32時間の授業が設定されています。併設型中高一貫校の特色をいかした編成で、一般の公立中学校より週あたり3時間ほど多い授業時間数を確保しています。そして、中学と高校の学習内容を継ぎ目なく実施していきます。

カリキュラムの特徴としては、6年間を発達段階に応じて、「基礎学力定着期」（中1〜中2）「充実期」（中3〜高2）「応用発展期」（高3）の3期に分け、一貫した教育を行っています。

このカリキュラムでは、「基礎学力定着期」の中学生に、まず学習方法を身につけてもらい、そのうえで基礎学力を養成していきます。

そして、「充実期」では、高校入試がないぶん授業時間数をほかの公立中学校より多く確保して学習しています。

「応用発展期」の高3では、文系と理系に分かれて、それぞれの目標に向けた学力の向上をめざしています。

【Q】具体的にはどのような教育を展開されていますか。

【山本先生】本校では少人数制授業を実施しています。1学年は2クラスで、1クラスの生徒数は男女半々の40名です。英語と1・2年の数学は1クラスを半分に分け、3年の数学は2クラスを3展開した習熟度別授業で指導しています。

高等学校は、1学年8クラスで、

カリキュラム紹介

1 実践的な英語コミュニケーション能力の育成をめざす英語教育

設置母体校の稲毛高校は、2003年（平成15年）より2期6年間スーパーイングリッシュランゲージハイスクール（SELHi）に指定されていました。

高校での先進的な英語教育の研究の成果をいかしたカリキュラムや学習法が中学校に導入されています。

コンピューターを使用した最新の音声指導や、ネイティブ語学講師による実践的な英語のコミュニケーション授業などです。

また、留学生との日常的なふれあいによって、英語の能力を高めます。さらに、コンピューターを利用した語学学習システムを備えるCALL教室では、生徒一人ひとりの進度に合わせた適切な教材が与えられ、自分のペースで力を伸ばすことができます。

個々で身についた英語力は高校で実施されるオーストラリアの海外語学研修で試すことができます。中3の後期から高校の内容に進むので、中学修了時点で英検準2級、高2で全員が英検2級を取得することを目標にしています。

2 真の国際人を育成する

総合的な学習の時間の「国際人プロジェクト」では、国際理解のための考え方・表現力を身につけ、自国・地域の文化を積極的に発信し、意欲的に交流することができる「真の国際人」をめざします。

たとえば、論理的な思考・表現方法を学ぶ「言語技術講座」。茶道・合気道研究＆体験等求道研究をとおして、情報処理技術を学ぶ「PROJECT道」。成田山での法話講座・成田空港での英語インタビュー活動を実践する「成田 PROJECT」。首都研究＆外国人向け東京周遊ツアー企画・実施＆東大訪問学習を実施する「東京 ABC PROJECT」など、以降の修学旅行、海外語学研修に向け国際理解に努めています。

「普通科」7クラスと「国際教養科」1クラスで構成されています。中学からの内進生は全員が「普通科」へ進学し、高校から入学している外進生とは高2まで別クラス編成となります。

さらに、内進生は、高1と高2で英語と数学を2クラス3展開にし、数学は習熟度別授業にしています。本校は、中学校と高校の110人を超える教職員が一体となって、中高6年間の一貫教育の利点をいかし、継続的な指導で一人ひとりの力を最大限に伸ばしています。

独自の学校設定科目と充実の英語教育が特徴

【Q】学校独自の選択科目を取り入れていますが、それについてお教えください。

【山本先生】 中1から中3にかけて、独自の学校設定科目である「総合科学」「英語コミュニケーション」「世界と日本」が設けられています。

「総合科学」では、理科の実験やコンピューターを使った情報技術を学びます。「英語コミュニケーション」は、ネイティブの講師による実践的な英語の授業を展開しています。

また、「国際人プロジェクト」という、校外学習などで積極的に外国人に対して話しかける活動もあります。それにより、自信をもってコミュニケーションがとれる生徒を育てています。

「世界と日本」は歴史・地理・公民の分野について、世界の国々と日本をさまざまな観点から比較して、異文化交流を深めます。

このような学校独自の学習は、本校の特色であり、教育目標である「確かな学力」「豊かな心」の育成につながります。

そのほか、英語の授業ではコンピューターを使用した最新の個別音声学習を実施。全員が高校2年次に英検2級取得を、卒業までにTOEIC650点レベルをめざします。また、中学3年次の京都・奈良での修学旅行後には、訪れた名所などを英語でスピーチして発表します。

高校では2003年（平成15年）に2期6年間、文部科学省からスーパーイングリッシュランゲージハイスクール（SELHi）に指定されました。

年間行事

おもな学校行事（予定）

4月	入学式　スタートアップセミナー（中1） 交通安全教室　校外学習（中2・3）
5月	
6月	陸上競技大会　職場体験（中2）
7月	飛翔祭（文化祭）　夏期講習
8月	夏期講習
9月	生徒会役員選挙　前期終業式
10月	修学旅行（中3）自然教室（中2） 校外学習（中1）
11月	異文化理解講座
12月	テーブルマナー講座（中3）
1月	百人一首大会
2月	マラソン大会
3月	茶道・合気道講座（中1）　卒業式

ボランティア体験

授業風景（国語）

天体観測

授業風景（英語）

陸上競技大会

部活動

現在は、各学年にひとりずつネイティブの講師が常駐していて、SELHiの研究成果に基づき、改めて検証を進め、先進的な英語教育を充実させています。その成果を中学にも波及させ、CALL教室も設置しております。

2011年度からは、高2の内進生は、10月にオーストラリアでの語学研修に行っています。昨年度の語学研修でも、4班に分かれて、14日間ホームステイをしながら、クイーンズランド州にある4高校に行きました。

また、附属中学校が開校する以前から、高等学校の国際教養科ではカナダとアメリカに分かれて海外語学研修を実施しており、普通科の生徒も希望制でアメリカでの語学研修に参加しています。

本校はこのように教育目標にある「真の国際人の育成」へつながるものとして、さまざまな指導が計画、実施されています。

【Q】学校行事や施設についてお教えください。

【山本先生】 入学してすぐの1年生は、1泊2日のスタートアップセミナーが用意されています。ここでグループワークなどを行い、生徒同士の親交を深めます。陸上競技大会や飛翔祭（文化祭）、マラソン大会などは中高合同で行われます。

施設・設備面においては、蔵書数4万冊を超える図書館、英語や数学の少人数授業などで使用するジュニア・セミナールーム、国際交流の場としても利用している第2特別教室棟、部活動の合宿に利用している朋友館のほか、すべての普通教室に空調設備を設置するなど、学習環境も充実しています。

【Q】御校へ入学を希望する生徒へメッセージをお願いします。

【山本先生】 本校は施設面、職員スタッフはほかの学校と比べて特別な配慮がされています。中学校に入って、がんばっていこうと思っている生徒さんには最適な学校です。

「真の国際人」の育成の文言は生徒も先生たちも意識して、それぞれの教科のなかで思考能力、言語能力を高めるさまざまな取り組みを行っています。また、生徒たちもそれを理解していますので、学校の教育方針を理解して、がんばってくれる生徒に来てもらいたいと思っています。

募集区分：一般枠（千葉市在住）

入学者選抜方法：適性検査Ⅰ（45分）、適性検査Ⅱ（45分）、集団面接、報告書、志願理由書

問３　今度は、図Ａのマスを使って、立方体の展開図を二つかきます。組み立てて重ねると図Ｂのようになりました。どのような展開図をかけばよいか、解答らんの図の点線上に線をかきなさい。（数字の向きは考えなくてよい。）

図Ｂ

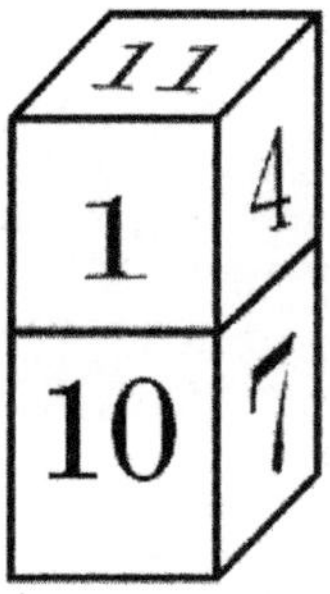

図Ａ

10	15	20	9	23
17	24	11	2	13
19	8	1	4	21
16	7	25	6	3
5	22	18	14	12

与えられた課題の理解度をみる

それぞれの問いについて、与えられた課題の理解がなければ答えられません。想像力や計算力も試されます。

数理的なものの考え方をみる

展開図の理解は小学校で習います。そのうえで立体と平面図を関連させて数理的に分析する力が問われています。

▶2013年度 千葉市立稲毛高等学校附属中学校 適性検査問題Ⅰより

1　図Aは、すべて合同な正方形のマスを、たてに５個、横に５個ならべ全体が正方形になるようにすき間なくしきつめ、１から 25 までの数を一つずつ書いたものです。これについて、あとの問いに答えなさい。

図A

10	15	20	9	23
17	24	11	2	13
19	8	1	4	21
16	7	25	6	3
5	22	18	14	12

問１　図Aで、横の行の５マスに書かれている数の合計を求めます。五つの横の行のそれぞれの合計において、最も小さい合計は最も大きい合計の何％ですか。小数第２位を四捨五入して小数第１位まで答えなさい。なお、横の行の５マスとは、10、15、20、9、23 のような横にならんだ五つの数字を意味します。

問２　図Aのマスを使って、１の数字の面を含《ふく》む立方体の展開図をかきます。組み立てたときに１の数字の面の反対の面にある数字をできる限り大きくするには、どのような展開図をかけばよいか。解答らんの図の点線上に線をかきなさい。

図A

10	15	20	9	23
17	24	11	2	13
19	8	1	4	21
16	7	25	6	3
5	22	18	14	12

解説

適性検査Ⅰは、国・算・社・理、4教科のバランスよい融合問題で、思考力や判断力、課題発見や問題解決能力をみます。グラフや表、地図を読み取り、課題に対する理解をみる問題が多くなっています。満点は100点です。

適性検査Ⅱは、私立中学校の国語の出題に似た問題で、ボリュームは多くはありませんが作文で力をみる形式となっています。テーマに基づいて自分の考えや意見を文章にまとめ、しっかり表現できる力をみます。記述する際の条件として、キーワード2つが指定されて、どのような内容を書くべきかが想定されます。その課題に沿って作文を構成する力が求められます。満点は50点です。

検査日の午後には面接（15分、グループ）があり、自らの将来、進路に対する目的意識、進学後に学ぼうとする意欲、さらに、聞く力・話す力などもみます。

千葉県立千《ち》葉《ば》中学校

2008年開校　併設型

日本、そして世界へ羽ばたく心豊かな次代のリーダーを育成

千葉県内トップの進学校・県立千葉高等学校に県内初の県立中学校として開校した千葉中学校。多くのすばらしい人材を輩出してきた高校の伝統ある「自主・自律」の精神を受け継ぎ、真のリーダーへの教育が行われています。

高岡《たかおか》　正幸《まさゆき》 校長先生

学校プロフィール

開　校…2008年4月

所在地…千葉県千葉市中央区葛城1-5-2

TEL…043-202-7778

URL…http://www.chiba-c.ed.jp/chiba-h/chibachu/

アクセス…JR外房線・内房線「本千葉」徒歩10分、京成千葉線「千葉中央」徒歩15分

生徒数…男子120名、女子120名

1期生…高校3年生

高校募集…あり

3学期制／週5日制／50分授業

入学情報

・募集人員…男子40名、女子40名 計80名

・選抜方法…(1次検査) 適性検査(1-1・1-2) (2次検査) 適性検査(2-1・2-2)、集団面接

県立高校再編の一環として千葉高校に中学校が誕生

【Q】御校がつくられた経緯をお教えください。

【高岡先生】 中学校は、千葉県の県立高等学校の再編計画の一環でつくられました。

最近の子どもたちの傾向として、「考えることが苦手になっている」「指示を待つ子どもが多くなっている」ということがあげられ、お互いに教えあい、学びあうといった力が劣ってきていると言われています。こうした課題に対し、県として取り組んだ学校づくりの一環として、2008年に千葉県立千葉高等学校を母体に、併設型中高一貫校として中学校が開校しました。今年度で1期生は高校3年生になりました。

中学校では、千葉高校の培ってきた伝統をいかしつつ、教育課程上の先取りをせず、6年間の一貫教育のなかで質の高い体験をたくさん行うことにより、「豊かな人間力」を育み、千葉高校の目標である「重厚な教養主義」をふまえながら、「心豊かな、人の痛みのわかるリーダーの育成」をめざします。

これまでも本校は、千葉県の高

校教育のリーダーとしての自負と誇りを持ちながら教育活動に取り組んできました。今後は中学校からの進学者と他の中学校からの進学者との切磋琢磨が行われることによって、よりいっそう活性化することを期待しています。

【Q】御校の校風はどのようなものですか。

【髙岡先生】本校の全活動の精神的基盤となっているのは千葉高校の校訓でもある「自主・自律」です。実際、厳しい生徒指導はなく「自由な学校」というイメージが強いですが、生徒は千葉高生としての自覚を持って行動しています。

この「自主・自律」の精神に裏打ちされた教育は、次代に生きるみなさんに必要不可欠な力をつけていきます。なにが問題になっているのか、なにが原因なのか、なにをすべきなのか、どうしたらみんなと協力できるのかなど、すべて自分たちの頭で主体的に考えながら3年間を過ごします。教師もそのような指導をしていますから、本校に入学すれば自然と「自主・自律」の精神が身につくことになります。

この精神をもとに、中学校では新しく「篤学・協同・自律」という校訓を掲げました。「篤学」は、熱心に学問に励むこと。「協同」は互いに力を合わせてものごとを行うこと。そして「自律」は自分自身で立てた規範に従って行動することです。

また、本校の伝統として、重厚な教養主義が教育方針の柱として確立しています。これは日々の授業を大学受験に特化するのではなく、すべての教科で基礎・基本を大切にしながらも、教科書を超えた発展的な授業を展開することで、広く深く学習するというものです。

先取りではなく、深く、多角的に課題について考えるよう、ていねいに指導しています。

豊かな人間力を育成する 伝統をいかした教育課程

【Q】県内トップ校である千葉高校に進学するわけですが、ハイレベルな授業を行ううえで、中学校段階でどのような工夫が行われているのでしょうか。

【髙岡先生】スパイラル学習と呼んでいますが、螺旋階段を登るように段階的に繰り返し学習してい

1 県立千葉高校の伝統をいかした人間力育成のための総合的学習の時間「学びのリテラシー」「ゼミ」「プロジェクト」

千葉中学校には、県内トップレベルの千葉高校の伝統をいかした「学びのリテラシー」、「ゼミ」、「プロジェクト」という人間力育成のための独自のプログラムがあります。

「学びのリテラシー」とは、探究的な学びの基礎となる力を育てる学習です。「ゼミ」や「プロジェクト」で必要となる話しあう力や発表の技術を学んでいきます。具体的には、レポート・論文の書き方や調査時のアポイントの取り方、相手への接し方などを学びます。

「ゼミ」はいわゆる大学のゼミナールと同じ形式で、個人研究を行います。「環境」「福祉・医療」「情報」「国際理解」などそれぞれのテーマで1年から3年まで縦割りで所属し、研究を行っていきます。半年ごとに発表が行われ、3年生では論文にまとめます。

「プロジェクト」は社会に参加する力をつけるためのプログラムです。各学年ごとに社会人講演会（1年）、職場体験学習（2年）、長期ボランティア（3年）を行います。これらはすべて実行委員会形式で生徒が企画・運営を任されます。そのため、講演者や企業へのアポイントも生徒が行います。こうした経験が企画力を育み、社会でどんなことができるのか、社会からどのような力が受け入れられるのかということがわかってきます。

そして、これら3つのプログラムが、千葉高校へ進学したのちの「千葉高ノーベル賞」へとつながっていくのです。

この「千葉高ノーベル賞」とは、総合的な学習の時間から生まれたもので、4つの分野（人文科学・社会科学・自然科学・芸術）に分かれて、個別に調査・研究をし、まとめたもののなかから最もすぐれた作品に与えられる賞です。

1年生から約2年間かけて研究したものを3年生で発表します。受賞者は文化祭で再度発表することができ、ハイレベルな研究発表を楽しみに来場するかたもいるほどです。

こうして中学校で研究に関する基礎を学び、高校でのハイレベルな研究にすぐにつなげていくことができるのです。県立のトップ校である千葉高校の教育と密接に結びついた総合的な学習の時間となっています。

ます。学年があがるにつれ、より高度な内容で学び、少しずつ理解を深めていきます。

また、英語と数学では、20名の少人数クラスで授業を行っていますが、習熟度別で分けているわけではありません。中学校では家庭科、技術科の一部でも少人数で授業を行っています。習熟度でクラスを分けるより、いろいろな生徒がいた方がおもしろいのです。生徒それぞれの自然な発想を大切にしたいですし、同じような成績の生徒だけ集めてしまうと発想が豊かになりません。そういうところを大切にしたいと考えています。

【Q】補習などは行われていますか。

【髙岡先生】 夏休みの始まりと終わりに「勉強会」を設定しています。基本的に参加は自由ですが、進度が遅れた生徒については義務づけている場合もあります。それ以外には制度的なものではなく、臨機応変に個別対応するというかたちでフォローしています。

高校では、夏休みは、教科によってさまざまなかたちで夏期講習を行っています。

ただ、きちんと講座を決めてスケジュールを固めるのではなく、先生がたが自由に行っています。

協同することで養う豊かな人間性

【Q】「人間力を培う3つの協同」とはどのようなものなのでしょうか。

【髙岡先生】 これは「学びの協同」、「社会との協同」、「家族との協同」として、本校では「協同」という言葉を意識した行事を行っています。

たとえば、1年生は6月に自然教室を行います。山へ行き、青少年教育施設「少年の家」で3日間自分たちで自炊をしながら、キャンプファイヤーや山登りをします。

いまの子どもたちはそうした体験をしている子が少ないです。テレビも電話もゲームもない生活のなかで、友だちと会話し、協力しながら食事をつくっていきます。そういう体験をすることによって、人間と人間のコミュニケーションがより深くなります。生徒は合宿から戻ってくるとなかなか逞《たくま》しくなっている気がします。

また、文化祭では、クラス全員

年間行事

おもな学校行事（予定）

4月	入学式　総合学習発表会
5月	
6月	自然教室　文化祭
7月	
8月	職場体験（2年） 長期ボランティア（3年）
9月	
10月	体育祭　国内語学研修（3年） 伝統文化学習（2年）
11月	合唱祭
12月	全校防災避難訓練
1月	
2月	マラソン大会 卒業論文発表会（3年）
3月	総合学習発表会（1・2年） 卒業式

自然教室

新入生歓迎会

サッカー部

リテラシー授業

少人数授業

文化祭

で協力して、毎年演劇などの発表を行っています。

　これらの行事には、昨今の家庭教育においてなんでも用意されすぎている子どもたちの自律をうながす意味もありますが、自分たちで一生懸命いろいろな工夫をして生活していくために協同することを学びます。友だち同士がなにもないなかで協同してつくりあげていくのです。それは教員もそうですし、家庭にもいっしょにお願いしています。また、社会のかたとも協同する必要があるのです。

【Q】高校ではすばらしい進学実績をお持ちですが、進学指導はどのように行っているのでしょうか。

【髙岡先生】キャリア教育はきちんとしていきたいと思っています。世の中のことをよく知ってもらって、少なくとも高校を卒業するときには、「この大学のこの学部に行きたい」「この先生に学びたい」といった自分のこれからの学びに対する明確な目標を持ってもらいたいですね。

　とくに大学でなくてもいいのですが、「こういうことをやりたい」と自分自身でわかったうえで進路選択をしてほしいのです。ただ慶應大に行きたいからちがう学部を３つ受験するとか、東大がむずかしいから東工大にしてしまおう、ということにはならないように、しっかりとした進路選択をしてもらいたいですね。

　そして大学に入って、すぐに研究活動に入れるような生徒を育てたいです。

【Q】では最後に、どのような生徒に入学してほしいかをお教えください。

【髙岡先生】本校の生徒は世の中の動きに関心を持つ必要があります。なぜなら税金で運営される公立校は社会に貢献する使命があるからです。私立のように高いお金をださなくても少人数のていねいな教育を受けられるわけですから、つねに社会貢献の意識は持ちつづけてほしいですね。

　また、本校を第１希望で考えている生徒さんに来てほしいです。将来、東大に入るだけが目的ではなく、本校の教育方針を理解して第１希望で来ていただける生徒さんを、学校と家庭が連携してていねいに伸ばしていきたいと思います。

千葉県立千葉中学校

募集区分：一般枠
入学者選抜方法：【一次検査】適性検査1-1(45分)、適性検査1-2(45分)、【二次検査】適性検査2-1(45分)、適性検査2-2(45分)、集団面接、報告書、志願理由書

(3) **資料5**の オ ～ キ に入ると思われることを，**資料3**，**資料4**をもとに考えて書きなさい。

ようこさんのまちにある駅前の道路の歩道部分が，整備されることになりました。そこで，ようこさんたちは，どのような工夫をしたらよいかを自分たちでも考えてみることにしました。次の**資料6**は駅前の道路の様子で，**資料7**はこの整備の主な方針《ほうしん》です。

資料6　ようこさんのまちにある駅前の道路の様子

資料7　整備の主な方針

- より多くの人が利用しやすく，安全性を高めた歩道になるように改善します。
- 道路と歩道の幅の変更《へんこう》はしません。建物は整備の対象外となります。
- 信号機や標識など，新たなものは設置しません。

(4) あなたは，この道路の歩道部分を整備する上で，どのような工夫をしたらよいと考えますか。**資料6**，**資料7**をもとに，次の[**書き方の例**]にならって，この例以外の工夫を**3つ**考えて書きなさい。

[**書き方の例**]

（ 横断歩道から歩道に上がる部分を段差のないブロックに取りかえる ）ことで，特に（ 小さな子どもやお年寄りや車いすを使う人 ）が（ 段差があって通りづらい ）ことを改善する。

資料を読み解く力と読解力をみる

与えられた資料の文章を読み解き、課題となる対象の問題点を分析、整理する力が求められます。

与えられた課題の理解度をみる

分析、整理した情報から、本質を見極め他者にわかるように「書き方の例」を理解して表現する力も試されています。

▶2013年度 千葉県立千葉中学校 適性検査問題1-1より

資料3　「バリアフリー」についてのまとめ

○　お年寄りや障《しょう》がいのある人にとっては，ちょっとした段差《だんさ》などが，普段《ふだん》の暮らしのバリア（障害《しょうがい》，じゃまになるもの）になることがあります。妊婦《にんぷ》やベビーカーを使う人にとっても同じです。バリアフリーは，こうした現在あるバリアをとりのぞき，人びとが安心して快適な生活ができるようにする考え方です。このような意味で，バリアフリーは，みんなが暮らしやすい社会にしていくための合い言葉といえます。

資料4　「ユニバーサルデザイン」についてのまとめ

○　世の中には男の人と女の人，子どもやお年寄り，右ききの人や左ききの人，障がいのある人，妊婦などさまざまな人がいます。ユニバーサルデザインは，はじめからだれにとっても利用しやすいように，まちや施設，製品などをデザインし，みんなが暮らしやすい社会をつくろうとする考え方です。

○　「完ぺきなユニバーサルデザイン」と呼べるものはありません。社会では，多様な身体能力を持った人がいっしょに暮らし，同じものを使っています。そんな中，ものを使う人たちの能力を完ぺきに理解して，デザインを想定しようとしても，そこには限界があります。したがって，「このデザインよりこっちのデザインのほうが使いやすい人が多いだろう」と考えて，よりよいものをつくることが大切です。

○　ユニバーサルデザインでは，デザインを考える過程や，利用される状況《じょうきょう》において，いかにさまざまな人のことを想像できるかが大切です。そして，ユニバーサルデザインの考えの中にある「他の人とともに生きていく中で，自分にできることは何か」との問いかけが，さまざまな立場の人に広がっています。

資料5　学習発表会用の資料

みんなが暮らしやすい社会へ
「バリアフリー」

① 対象 … オ
② 解決しようとする問題 … 段差などの実際にある障害
③ 対策 … 今ある障害をとりのぞいて改善《かいぜん》する

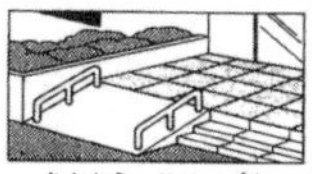

あとから，スロープを付けました

さらにみんなが暮らしやすい社会へ
「ユニバーサルデザイン」

① 対象 … すべての人
② 解決しようとする問題 … カ 障害となることがら
③ 対策 … キ

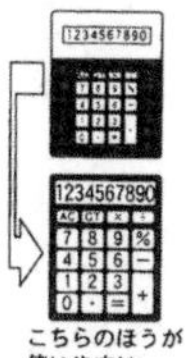

こちらのほうが使いやすい

解説

千葉県立千葉中は一次検査と二次検査を行います。一次で倍率が6倍程度まで下がるように選抜し、二次で80名（男女40名ずつ）を選抜します。

一次の段階で、倍率が30倍を超えると抽選があります。ただし、なるべく抽選を行わないように「受検希望者を減らす努力をする」ことになっています。

2011年度から少し落ちつきをみせ、2013年度一次では1067人が受検し、二次には320人強がのぞみました。

県立千葉中の適性検査は、小学校で学習する内容や私立中学校入試で求められる学力とは異なります。適性検査はいずれもよく練られた問題で、なかなかの厳しさです。

その内容は、与えられた文章や資料などを読み取り、課題を発見し、自然科学的な問題、数理的な問題等を理解し、解決に向けて筋道立てて考え、表現する力をみます。

二次の適性検査2-2では「聞き取り」をして作文をする問題があります。面接は集団面接です。

埼玉県立伊《い》奈《な》学《がく》園《えん》中学校

併設型　2003年開校

一人ひとりの個性や才能を伸ばす 特色ある伊奈学園のシステム

普通科ながら、「学系」と呼ばれる特殊なシステムを持つ伊奈学園総合高等学校。この高校を母体に生まれた伊奈学園中学校は、幅広く確かな学力を身につけ、生涯にわたり自ら学びつづける人間を育成します。

学校プロフィール

開　　校…2003年4月
所 在 地…埼玉県北足立郡伊奈町学園4-1-1
T E L…048-729-2882
U R L…http://www.inagakuen.spec.ed.jp/
アクセス…埼玉新都市交通ニューシャトル「羽貫」徒歩10分、JR高崎線「上尾」・JR宇都宮線「蓮田」バス
生 徒 数…男子87名、女子152名
1 期 生…2009年3月卒業
高校募集…あり
3学期制/週5日制/50分授業
入学情報
・募集人員…男女計80名
・選抜方法…一次選考
　　　　　　二次選考
　　　　　　作文（Ⅰ・Ⅱ）、面接

髙橋《たかはし》　和治《かずはる》 校長先生

超大規模校につくられた併設型中高一貫校

【Q】2003年（平成15年）に埼玉県内初の併設型公立中高一貫校として開校されました。設置母体である埼玉県立伊奈学園総合高等学校はどのような学校なのでしょうか。

【髙橋先生】 伊奈学園総合高等学校は、1984年（昭和59年）に創立され、現在は在籍生徒数が2600人にものぼる超大規模校です。伊奈学園総合高校は、普通科ですが総合選択制をとっており、専門学科に近いようなかたちで7つの学系（人文・理数・語学・スポーツ科学・芸術・生活科学・情報経営）に分かれて学びます。1学年800名のうち、本校から約80名の生徒が一般的な普通科にあたる人文系と理数系に進学します。なお、内部進学生は高校から入学した生徒とは3年間別クラスを編成します。

総合選択制では、大幅な選択科目を導入しており、大学のように講義を選んで受講することをイメージしていただけるとわかりやすいと思います。

【Q】中学校においても高等学校の校訓「自彊創生《じきょうそうせい》」を継承してい

ますが、この意味についてお教えください。

【髙橋先生】 意味は「自ら努め励み、自らをも新しく創り生みだすこと」です。やさしく言うと、自ら努力することによって、新しい自分自身をつくっていくという意味になります。そうして、高い志を持ち、将来社会のさまざまな分野でリーダーとなる生徒を育てていきたいと思います。

本校は高校入試がありません。6年後の大学進学を到達点とするのではなく通過点と考え、社会にでてからの自分の理想の姿を思い描き、つねに将来を見すえて努力をしようと生徒たちには伝えています。

【Q】教育のカリキュラムで特徴的なところをお教えください。

【髙橋先生】 一般の中学校の授業は週29時間標準で行われていますが、本校では独自の教育課程により、2時間多い31時間で実施しています。増加ぶんの2時間（3年間で6時間）は、1年生は英語1時間と「自学」1時間。2年生は数学2時間。3年生は学校独自の選択科目の2時間です。

英語の授業では、すべての学年で1クラスをふたつに分けた少人数指導を取り入れているほか、週1時間はコンピューター教室で授業を行っています。また、週1時間はALTと日本人教師とのチームティーチングを実施し、「聞くこと」「話すこと」を重視した授業を展開しています。

数学では、1・2年生は1クラスをふたつに分けた少人数指導を、また3年生は2クラス3展開の習熟度別授業を実施しています。高校でも、必修教科の数学では2クラス3展開をそのまま継承しています。

また中高一貫校のメリットをいかし、数学では中3の2学期から高校の内容を先取りして学習しています。

【Q】中学1年生で行われる「自学」と、中3で行われる選択教科の「表現」「国際」「科学」とはどのような授業なのでしょうか。

【髙橋先生】「自学」は中学1年生を対象に学習習慣の定着をはかることを目的として実施するものです。教科の授業ではなく、自習ともちがい、生徒が自らテーマを決めて学ぶ時間で、自主的な学習を行います。

カリキュラム紹介

1 学校のなかに存在する小さな学校 「ハウス」で生まれるアットホームな雰囲気

中高合わせて 2600人以上もの生徒を擁する大規模校の伊奈学園は、生徒の生活の場が6つの「ハウス」に分かれて構成されています。

ハウスは、建物自体が独立し、生徒は学系などの区別なくいずれかのハウスに所属します。同様に、180名を超える先生がたも教科・専門の区別なくいずれかのハウスに所属します。ひとつのハウスにそれぞれ職員室が設けられ、ハウス長（教頭先生）以下30名程度の教員が所属しています。

中学生は6つのハウスのひとつである第1ハウスにおいて生活することになります。

高校生は第2～第6ハウスで、内進生は高校段階で第2ハウスに入ります。ハウスはそれぞれ1～3年生の各学年4クラスずつ、計 12クラスで構成されます。卒業まで同じハウスで、同じ担任の指導のもと、自主的な活動を展開しています。

また、学園祭、体育祭、修学旅行などの行事や生徒会活動なども、すべてハウスが基本単位で行われます。ハウスごとにカラーが決まっており、体育祭や文化祭、校章などにもシンボルカラーとして使われています。

6つのハウスは、それぞれが「小さな学校」であり、毎日の「生活の場」としての親しみやすいアットホームな雰囲気が生みだされています。

2 国際性を育てる 語学教育と国際交流

ALT（外国人英語講師）とのチーム・ティーチングによる充実した語学研修と積極的な国際交流が行われています。

NHKの基礎英語の講師が本校に勤務されていたことから、授業では、NHKラジオ講座を取り入れた英語の学習を行っています。

1～3年生のすべての生徒が、「基礎英語」を毎日家でヒアリングすることを前提として、英語の授業が進められています。

また、姉妹校であるオーストラリアのケアンズの現地校において、中学3年生の希望者30名が2週間のホームステイをしながら、語学研修と異文化交流会を行います。

3年生で行う「表現」「国際」「科学」は、ふたつの教科を融合させた学習の時間です。3年次にこのなかからひとつ選択して学習します。「表現」は、国語と英語の融合科目です。たとえば、英語の文章をただ和訳するのではなく、日本語の表現をわかりやすくよりよいものにしていきます。

「国際」は社会と英語の融合科目です。日本の文化を英語で伝えていくことや、海外で起こっている政治・経済の動きを英語で学びます。

「科学」は、理科と数学の融合科目です。理科で行った実験について、数学の知識を使って分析をして結果をだします。文部科学省のサイエンス・パートナーシップ・プロジェクト（SPP）の助成を受け、JAXAなどの外部機関と連携して高度な内容を学びます。

実際に社会にでて自ら問題解決に取り組むとき、ひとつの知識だけで対応できることはほとんどありません。これらの授業では、ひとつの教科であつかうことができないような題材で、幅広い知識を身につけます。

【Q】授業以外での学習の取り組みではどのようなことをされていますか。

【髙橋先生】朝の10分間を利用して、読書とスキルアップタイム（計算・漢字・英単語）を実施し、基礎基本の定着をはかっています。この活動をいかすために、本校では漢字検定、英語検定、数学検定の受検を推奨しており、ほとんどの生徒が高い目標を持ってこれを受検しています。

通常時に補習はないのですが、1学期の成績状況によって、指名制で「夏季補習」を実施しています。また、夏休みの期間には自習室を用意しています。自習室には指導員がおり、質問できるようにしています。中高一貫校らしく高校生が指導員を務めることもあります。

また、3年生を対象に、8月の後半から2月まで高校進学へ向けた「サタデーセミナー」を実施しています。英語と数学が必修で、国語・社会・理科のなかから1教科選び、土曜日に3時間行います。

【Q】体験学習を重視されていますが、どのようなことをされているのでしょうか。

【髙橋先生】まず、1年生は入学

年間行事

おもな学校行事（予定）

4月	入学式　対面式　宿泊研修
5月	授業参観 修学旅行　実力テスト
6月	三者面談　各種検定試験
7月	自然体験研修、夏季補習
8月	オーストラリア交流事業 （ホームステイ／3年生30名）
9月	学園祭　体育祭 サタデーセミナー開始
10月	
11月	体験授業　ミニコンサート 各種検定試験
12月	
1月	百人一首大会　各種検定試験
2月	球技大会 いきがい大学伊奈学園との交流会
3月	3年生を送る会　校外学習　卒業式 イングリッシュセミナー（3年）

SPP講演

集団宿泊研修（座禅）

ミニコンサート

修学旅行（塩作り）

百人一首大会

国際交流

直後に2泊3日の日程で長野県に行き、体験合宿を行います。本校は埼玉県全域から生徒が集まってきており、最初はだれも友だちがいないという状況ですので、この合宿は仲間づくりという意味も兼ねています。1年生ではこのほかに社会体験チャレンジとして、飲食店、美容院、保育所、消防署などで職業体験を行います。

　2年生では、夏休み期間中に群馬県みなかみ町にでかけ、農家に泊めていただきながら、農業体験や自然体験を積む取り組みを今年から始めました。農と食について考えたり、環境を守ることの大切さを深く認識してほしいと思っています。

　3年生ではここ数年、修学旅行で石川県の能都地方へ出かけています。海のない埼玉県では経験することのできない刺し網漁や塩づくりといった活動に取り組むなかで、能登の自然環境や文化、産業も漫喫するとともに、現地のかたがたとの心の交流を進めてきました。

　これからも生徒の興味や、そのときどきの社会の趨勢をみながら、体験的な学習を創意・工夫していきたいと考えています。

努力する姿勢を身につけ6年間をかけて伸ばす

【Q】作文試験ではどのようなところを見られるのでしょうか。

【髙橋先生】　学力試験ではないので、ただ数字ではかれる知識ばかりを見るわけではありません。これまでに習得してきたものをいかに組み合わせて解答につなげるか、それを自分なりに表現することができるか総合力を見ています。子どもが持っている可能性や得意分野などを多面的に見られるような問題をだしています。

【Q】どのような生徒さんに来てほしいですか。

【髙橋先生】　自分でなにかをがんばってみようという意欲があり、これからの伸びしろを感じさせるみなさん、困難なことにぶつかってもそれに臆することなく、つねに前向きに考えられるみなさん来ていただきたいです。

　伊奈学園の特徴は自ら進んで学ぶ生徒をきっちり支えるシステムにあります。本校でがんばることによってどんどん成長していってほしいと願っています。

埼玉県立伊奈学園中学校

［問６］　ゆうきさんの小学校には、図１のような形をしたプールがあります。このプールを上から見ると縦《たて》５０ｍ、横１８ｍの長方形で、横から見ると図２のような五角形です。スタート台のすぐ下（図のあの部分）の深さは、１．１ｍで、最も深いところ（図のいの部分）の深さは１．５ｍです。

図１（上から見たところ）

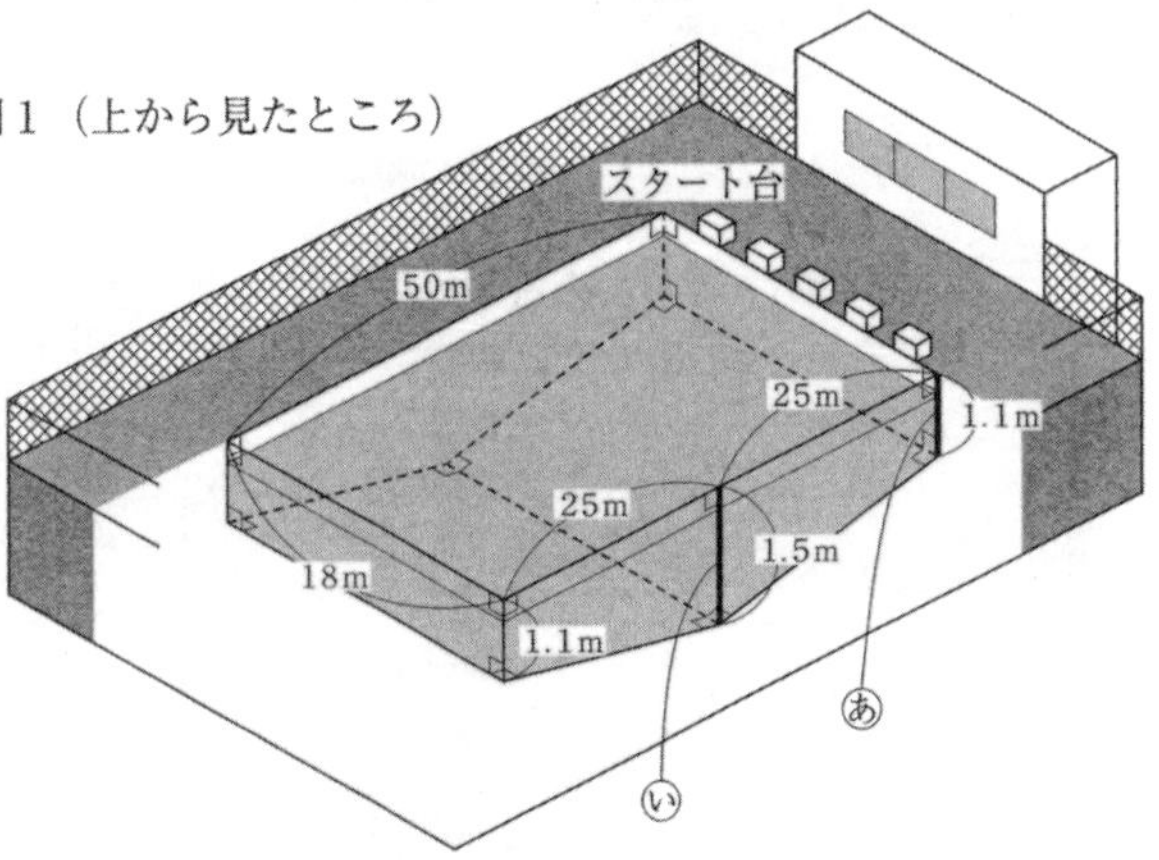

図２（横から見たところ）

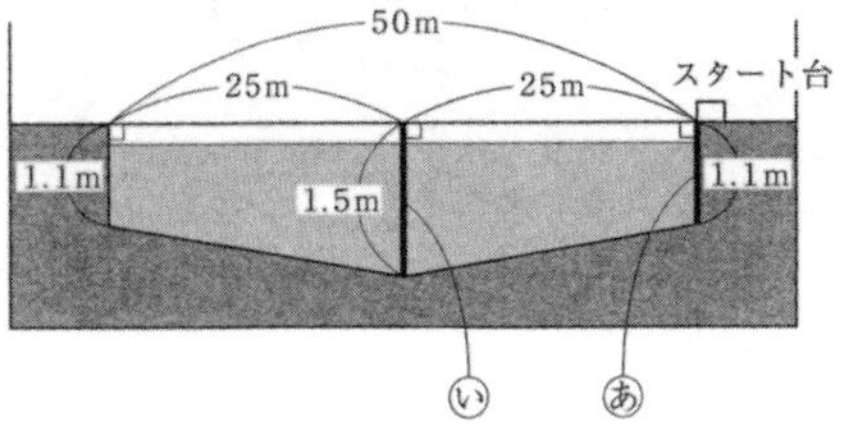

（１）スタート台のすぐ下（図のあの部分）の水の深さが１ｍになるまで水が入っています。このとき、プールに入っている水の量は何Ｌでしょう。また、求め方を１２０字以内で書きましょう。

（２）プール開きにそなえてプールのそうじをした後、７月３日の正午から空《から》になったプールに水を入れ始めました。翌日の午前９時に水位《すいい》を調べてみると、スタート台のすぐ下（図のあの部分）の水面の高さは３０ｃｍでした。このまま水を入れ続けると、スタート台のすぐ下（図のあの部分）の水面の高さが１ｍになるのは、何日の何時何分でしょう。午前、午後もつけて答えましょう。また、求め方を書きましょう。（字数の制限はありません。）

状況に応じた見方、考え方をみる

日常のさまざまな場面で現れる課題に対して、理科や算数（グラフ）理解の力を使った具体的な解決能力が試されています。

学校で学んだことの理解度をみる

台形の知識や容積の求め方は小学校で学んでいます。その理解の深さをはかり、他者に説明する表現力もみています。

募集区分：一般枠
入学者選抜方法：作文Ⅰ（50分）、作文Ⅱ（50分）、面接（10分程度）、調査書

▶2013年度 埼玉県立伊奈学園中学校 作文Ⅱより

［問５］　ゆうきさんとみちるさんは、やかんに水を入れ、ガスコンロを使ってお湯をわかしました。

ゆうきさん「あれ、やかんの外側がくもって見えたよ。」
みちるさん「やかんの外側は、かわいていたはずなのにね。なぜ、やかんの外側に水てきがついたんだろう。」
ゆうきさん「そういえば、集気びんの中でろうそくを燃やすと、びんの内側がくもるのを科学館の実験で見たことがあるけれど、ろうそくが燃えると水《すい》蒸《じょう》気《き》ができることを科学館の人が教えてくれたよ。」
みちるさん「そうか。そのときと同じことがおきたんだね。でも、ガスが燃えて出てきたのは水蒸気だよね。」

（１）ガスコンロに火をつけたとき、わかし始めにやかんの外側に水てきがついた理由をゆうきさんとみちるさんの会話を手がかりに８０字以内で説明しましょう。

やかんの外側に見られたくもりはすぐに消え、わかしつづけて５分たつと、今度はやかんのお湯の下の方からさかんにあわが出てきました。

ゆうきさん「今度はあわがたくさん出てきたね。」
みちるさん「なぜ、やかんのお湯の下の方からあわが出てくるんだろう。」

（２）なぜお湯がわいたとき、やかんのお湯の下の方からあわが出てきたのでしょう。６０字以内で説明しましょう。

（３）ガスコンロの火でやかんを加熱し続けると水の温度はどうなっていくでしょう。水の温度の変化を解答らんにグラフで表しましょう。グラフは定規を使わずに手でかきましょう。ただし、変化のようすがわかるようにていねいにかきましょう。はじめの水の温度は２０℃だったとします。また、水の温度の変化について６０字以内で説明しましょう。

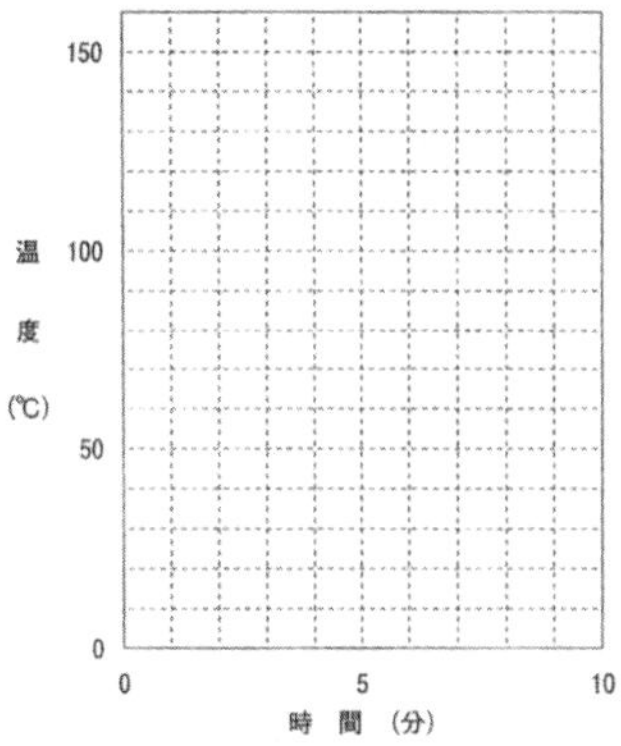

解説

県立伊奈学園中学校の入学者選抜では、作文Ⅰと Ⅱ、面接、調査書によって入学候補者を決めます。面接は10分程度の個人面接です。作文は２種類ありますが、首都圏の他都県でいう適性検査の内容をすべて記述式で答えるものという理解でよいでしょう。そのためか他の都県のものより５分多い検査時間が設けられています。出題にあたって学校では、作文Ⅰは思考力や表現力をみる作文を、作文Ⅱでは課題を発見し解決する力をみる作文を求めています。2013年度の出題をみると作文Ⅰは国語と社会の力を試しながら資料の読み取りや、歴史的事実の理解度も確認しています。作文Ⅰの最終問題は中学校に入学して以降の学習意欲を記述する出題となっています。作文Ⅱでは算数と理科の力をみる問題が柱となっていて、課題を発見し、その課題解決の力もみています。そのすべてを記述で答えなければなりませんので、表現力、文章力もおおいに問われることになります。作文の配点はそれぞれ40点満点となっています。

さいたま市立浦和《うらわ》中学校

併設型　2007年開校

6年一貫教育の強みを存分に発揮するさまざまな教育活動

今春、1期生が卒業し、すばらしい大学合格実績を残しました。高校進学後を意識し、併設校の強みを存分にいかした、高校とのさまざまな連携教育が特色です。

埼玉

学校プロフィール

- **開　　校**…2007年4月
- **所 在 地**…埼玉県さいたま市浦和区元町1-28-17
- **T E L**…048-886-8008
- **U R L**…http://www.m-urawa.ed.jp/
- **アクセス**…JR京浜東北線「北浦和」徒歩12分
- **生 徒 数**…男子120名、女子120名
- **1 期 生**…2013年3月卒業
- **高校募集**…あり

3学期制／週5日制（年12回土曜授業あり）／50分授業

入学情報

・募集人員…男子40名、女子40名
・選抜方法…（第一次選抜）適性検査Ⅰ・Ⅱ
（第二次選抜）適性検査Ⅲ〈作文〉、個人面接・集団面接

1期生が2013年春に卒業

【Q】御校の教育目標についてお話しください。

【鶴巻先生】「高い知性と豊かな感性・表現力を備えた国際社会に貢献できる生徒の育成」を掲げています。

【Q】今春卒業した1期生は見事な大学合格実績を残しました。

【鶴巻先生】そうですね。東京大1名を含む立派な結果だと思います。これは内進生だけではなく、高入生も一丸となってがんばった結果ですが、内進生の目標に向かって粘り強く努力する姿勢に高入生も刺激を受ける好循環がありました。

【Q】これで1期生が入学してからの6年間というひとつのサイクルが終わりました。

【鶴巻先生】これまでは、われわれ教員側も、6年後はこうなってほしい、こうなるのではないかというビジョンはありましたが、それはあくまでイメージでしかありませんでした。それが、1期生を送りだし、ひとつのかたちが見えましたので、すべての面で具体的に評価、反省をしながら、さらに教育活動を充実させていこうとしているところです。

鶴巻《つるまき》　一郎《いちろう》 校長先生

ますます充実する「つなぎ教育」

【Q】6年間一貫教育の流れについてお教えください。

【鶴巻先生】前期課程の中1・中2は「基礎」、中期過程の中3・高1は「充実」、後期課程の高2・高3は「発展」とそれぞれ位置づけし、3期に分けた中高一貫教育を行っています。

【Q】なかでも中期過程で行われている「つなぎ教育」が特徴的です。

【鶴巻先生】せっかくの中高一貫校ですから、中学校から高校への移行をスムーズにするために行っています。年々実施科目を増やしながら、いろいろなかたちで充実させてきています。1期生のときは、しっかりとかたちが定まっておらず、正直まだまだうまくできていない部分も多かったようです。そういった反省をしっかりとふまえてきました。

　中学は少人数授業やチームティーチング（TT）、双方向の授業も多いですが、高校になれば講義形式が増えます。

　また、中学では受け身の生徒が多く、学習進度が遅れていたり、提出物がきちんとだせていない生徒にはこちらからすぐ声をかけますが、高校では生徒が自分から積極的に学んでいかないといけません。こういった部分も高校の先生に入ってきてもらうことで準備ができます。

　以前はかぎられた先生がただけでしたが、昨年ぐらいからかなり充実してきて、主要5教科に関しては、それぞれ週4時間のうち、かならず1時間は高校の先生に授業をしてもらいます。

　しかも、TTのメインです。理科では生物と物理の先生に成績をだすところまで見てもらっています。地理は中1からですし、副教科でも家庭科、美術なども高校の先生です。

　本校はどんどん先取りをしていくかたちではないので、高校の先生には各教科でより深く学んだり、補充的な部分をお願いしています。余談も含めてふだんよりもさらに専門的な授業になっています。

【Q】生徒の知的好奇心もかなり喚起されそうですね。

【鶴巻先生】やはり高校の先生が

カリキュラム紹介

1 独自の教育活動「Morning Skill Up Unit」（MSU）の展開

生徒ひとりに１台のノート型パソコンを活用し、週３日、１時限目に60分の時間を設けて国語・数学・英語の各教科を20分ずつ学習するものです。

国語（Japanese Plusの学習）は、すべての学習の基礎となる「国語力」の育成がはかられます。短作文、暗唱、書写、漢字の書き取りなどに取り組み、基礎・基本を徹底する授業です。

数学（Mathematics Drillの学習）は、日常生活に結びついた「数学的リテラシー」の向上をめざします。四則計算や式の計算といった基礎的な学習、数量や図形に対する感覚を豊かにする学習です。

英語（English Communicationの学習）は、英語での「コミュニケーション能力」の育成が目標です。日常会話やスピーチなどの生きた英語を聞く活動、洋書を使った多読活動、英語教師との英語によるインタビュー活動や音読活動を行うなど、バリエーションに富んだ多彩なプログラムが用意されています。これらが３年間実施されます。

2 ICT（Information and Communication Technology）教育の充実

生徒それぞれのパソコンは無線LANで結ばれており、いつでもどこでも情報を共有しながら活用できます。調べたものをパソコンでまとめたり、インターネットを使って情報を自分のパソコンに取り込むことができます。

図書室は「メディアセンター」と呼ばれていて、生徒は「メディアセンター」でインターネットを使いながら、必要な情報を探しだしています。

家庭では、学校からの「お知らせ」を見ることができ、その日の授業内容をいかした家庭学習が行えます。

また、今年からはこのパソコンがより高度なものになりました。まず、ディスプレイ部分が回転するようになったことでひとつの画面を見ながらのグループ学習が簡単に。さらにさいたま市の嘱託を受けた教育プログラム開発のためにさまざまな学習ソフトを利用して、主要教科だけではなく、副教科も含めてさまざまな場面でパソコンをいかした授業が展開されています。その成果が市にフィードバックされ、さいたま市立中学校全体の教育の質向上にも貢献しています。

やれば授業のスタイルも変わるし、刺激につながり、生徒の学習意欲にもつながっています。手探りでやってきたことがうまくできるようになってきました。今年はまたひと工夫を考えています。

【Q】どんな内容ですか。

【鶴巻先生】 夏休みに中高とも夏期講習があります。中学は夏休みの始めに復習的な内容で行っているのですが、今年からは、そうではなく発展的な内容のものを、高1の夏期講習の講座に希望すれば参加できるようにします。まずは中3を対象に、理数系で考えています。

中高一貫で教育を行うことのメリットが学校全体で認識できてきて、先生がたもいっしょにするなかで「あれもできる」「これもやってみたらいいんじゃないか」という話ができ、つぎの段階に進めてきていることが感じられます。

少人数制授業と特徴的な学習プログラム

【Q】少人数制授業も中学の大きな特色ですね。

【鶴巻先生】 本校では、数学、英語で中1から1クラスをふたつに分ける少人数制授業を行っています。ほかの教科でもできればいいのですが、教員の定数もありますからなかなかむずかしく、そのかわり、40人の授業でも高校の先生といっしょにTTを実施していますし、英語であれば週1回のALTがいる授業では、これに少人数制授業用にさいたま市から増員されている1名を加えて3名の先生がいるというパターンもあります。

【Q】自分の言葉で表現する活動が充実していますね。

【鶴巻先生】 国語や社会では、討論やスピーチ、ディベート、パネルディスカッションなどの学習を計画的に取り入れています。また、こういった積み重ねの集大成が中3で実施する海外フィールドワークでの日本文化の紹介などにつながります。さらに英語では、校内で英語のスピーチコンテストを行っていて、上位の生徒が市や県の大会に参加しています。毎年、市、県のレベルで1位をはじめ優秀な成績を残しています。

このスピーチコンテストは、英語の知識や表現力を養うことにつながるのですが、なんといっても、本校では高校でその力をさらに伸

年間行事

おもな学校行事（予定）

4月	入学式　実力テスト 新入生歓迎会
5月	部活動本入部 管弦楽鑑賞教室（2年）
6月	英語Recitation Contest 芸術鑑賞教室　文化祭
7月	球技大会　自然の教室（1年） 夏季講習会
8月	課題テスト サマーイングリッシュセミナー
9月	体育祭　写生大会　人権講演会
10月	実力テスト　プラネタリウム（2年）
11月	博物館実習　科学館実習
12月	修学旅行（2年）
1月	
2月	ロードレース大会 海外フィールドワーク（3年）
3月	未来くるワーク体験（1年） 卒業式　球技大会（1・2年）

体育祭

MSU

部活動

自然の教室

文化祭

海外フィールドワーク

ロードレース大会

ばす場が多く用意されているところが大きいと思います。もともと高校自体が英語教育や国際交流に力を入れている学校ですから、中学で得た英語力や興味を高校でさらに育てていくことができます。交換留学も毎年実施されていて、内進生で高校入学後、留学している生徒もいます。

　大学進学の面で結果がでるのももちろんすばらしいことですが、こういった面でもがんばっている子がいるのも本校の中高一貫教育の成果だと思います。

学校生活全体で中高一貫教育を実践

【Q】学校行事や部活動も中高いっしょに行われていますね。

【鶴巻先生】 たとえば、体育祭は中高6学年を縦割りにします。別々の時期もありましたが、現在は高校が8クラスと、中学の各学年2クラス80名ずつを、8つに分けます。お互いを応援し、席を隣にすることで、中学生、高校生ともに貴重な経験になっているようです。

　部活動も中高いっしょに行う部も多いですし、今後は運動系の部で、中学3年生が公式戦がなくなったあとに、早めに高校の活動に参加できるようにしていくことも検討しています。

　勉強の面だけではなく、学校生活全体でいっしょに活動する場面を増やしていきます。

【Q】施設・環境も立派ですね。

【鶴巻先生】 校舎は中学校開校時に新築していて、窓が大きく、明るめの色調できれいです。図書室が高校にあり、さらに中学用にメディアセンターというものもあり、両方とも使えます。高校側にある理科系の実験室も利用できますし、学習環境は整っています。

【Q】最後に受検生に向けたにメッセージをお願いします。

【鶴巻先生】 最初の6年間が終わり、自分でしっかりとした目標を持ち、粘り強くがんばった生徒が伸びて成果をだすことができるということがよくわかりました。ですから、高い志を持って、努力しつづけられる生徒さんに入学してもらいたいですね。

　そして、高校に進学したあとは、高入生を引っ張りながら切磋琢磨し、たくましくがんばっている先輩たちにつづいてくれるような生徒さんを待っています。

さいたま市立浦和中学校

募集区分：一般枠（さいたま市在住）
入学者選抜方法：【第1次選抜】適性検査Ⅰ（45分）、適性検査Ⅱ（45分）、調査書【第2次選抜】適性検査Ⅲ（45分）、面接

問1　次の図の中には、**図1**の箱の展開図としても、**図2**の箱の展開図としても正しくないものがあります。正しくないものを、ア～コの中からすべて選び、記号で答えなさい。

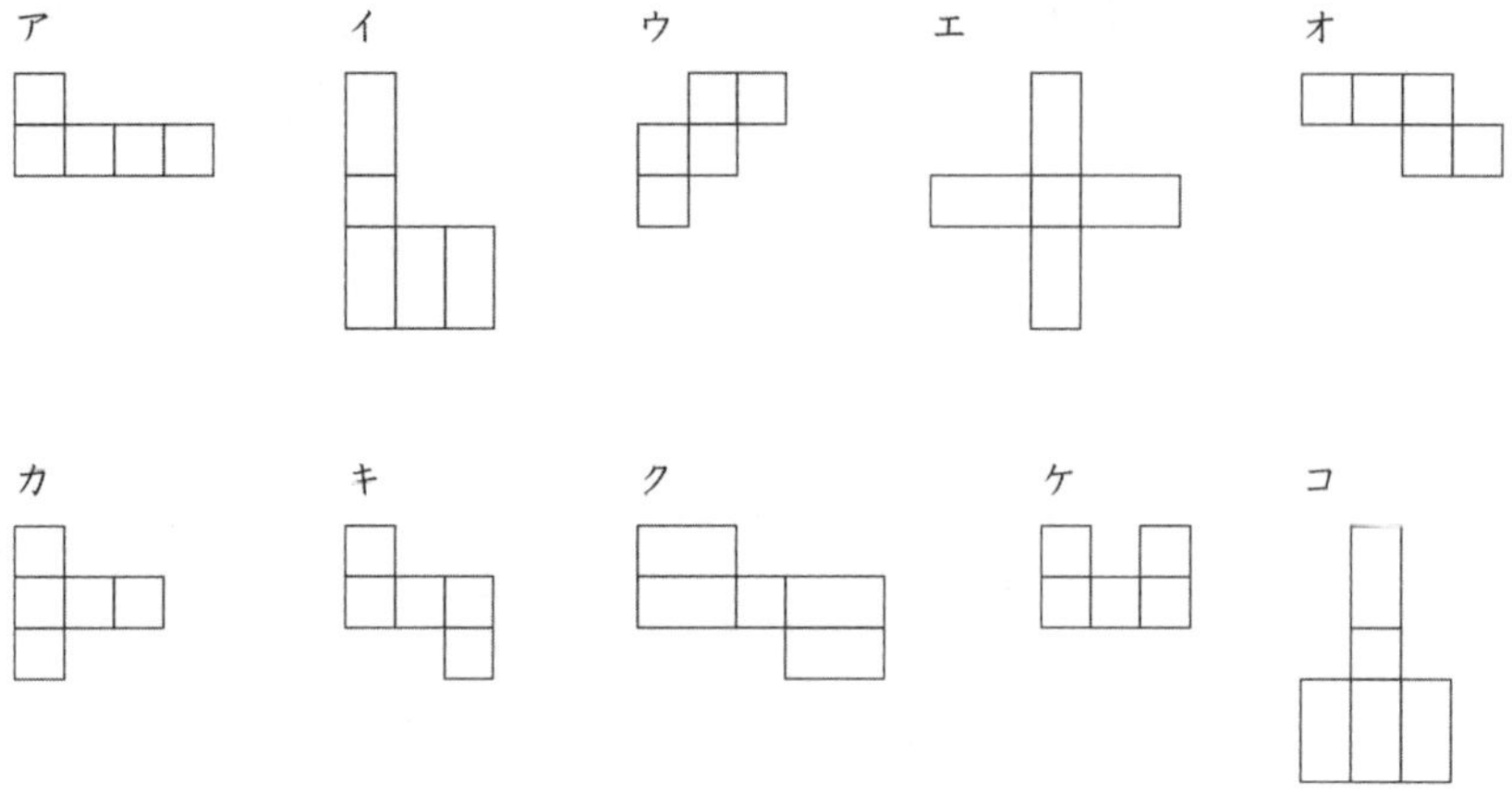

問2　花子さんは、**図3**の小物入れの外側の面に、１枚の色紙から**図4**の６つの形を切り取り、それらをはって、小物入れを完成させようとしています。次のア～エの大きさの色紙の中で、６つの形が切り取れるものをすべて選び、記号で答えなさい。

図4

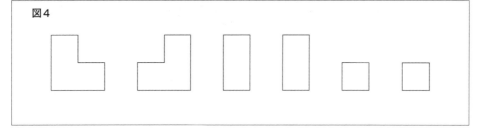

ア　21cm×28cm
イ　20cm×29cm
ウ　14cm×42cm
エ　12cm×49cm

問3　花子さんは、**図3**の小物入れの内側の面にも色紙をはろうと考えました。縦の長さが35cmの１枚の色紙を使って、小物入れの内側すべての面にはる色紙を切り取るためには、横の長さは最低何cm必要ですか。数字で答えなさい。
ただし、１つの面にはる色紙は、つぎ合わせてはってはいけません。

数理的なものの考え方を試す

私立中学の学力検査とみまちがうような問題です。立体図形を観察して考察し、処理する力をみます。

平面から立体を想像する力をみる

与えられた条件を整理して立体をイメージし、根気強く課題をクリアする力が求められます。

▶2013年度 さいたま市立浦和中学校 適性検査問題Ⅱより

2

花子さんは、２本の牛乳パックの空き箱を利用して**図１**と**図２**のような２つの箱をつくり、それをはり合わせて**図３**のような小物入れをつくることにしました。そのまわりには、色紙をはって完成させようと考えています。

次の「**図１**」「**図２**」「**図３**」をもとにして、問１～問３に答えなさい。

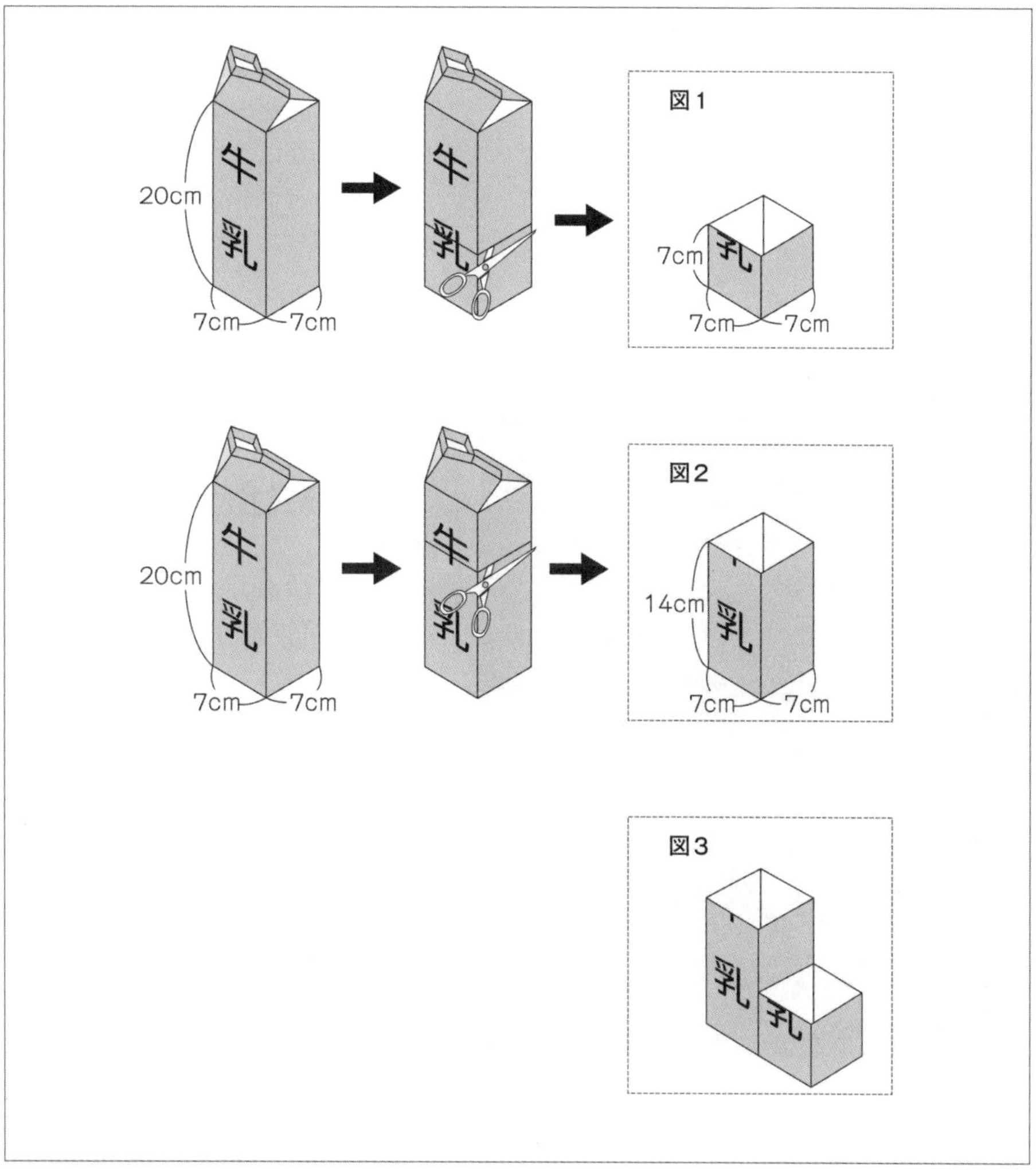

解説

さいたま市立浦和中学校の入学者選抜には第１次と第２次があります。2013年度まででは、第１次で男女各100人程度にしぼり、第２次で募集人員男女各40人の入学候補者を選びます。第１次では、適性検査Ⅰ（45分）と適性検査Ⅱ（45分）、調査書で検査を行います。第２次は別の日に適性検査Ⅲ(45分)と個人面接（10分程度）、集団面接（8人程度）を行います。

適性検査はⅠ、Ⅱ、Ⅲとも課題の問題点を整理し、論理的に筋道を立てて考え解決する過程を、多様な方法で表現する力をみます。とくに第２次の適性検査Ⅲでは作文の字数が多く、文章や図表などを読み取り、課題にしたがって220字以内の作文１題と330字以内の文章にまとめる作文が２題でした。作文をとおして適切な表現力をみます。

2013年度の集団面接は、８名の児童で構成するグループに課題を与え、解決に向けて一人ひとりがどのようにリーダー性、協調性、コミュニケーション能力等を発揮できているかをみました。

あとがき

首都圏には、この10数年、つぎつぎと公立の中高一貫校が誕生しました。現在、首都圏（東京、神奈川、千葉、埼玉）では18校を数えるまでとなり、来年春には川崎市立川崎高等学校附属が開校します。さらに千葉県立東葛飾高等学校を母体とする学校など、今後も新たな中高一貫校が誕生する動きがあります。

一昨年、春の大学合格実績で、都立白鷗高等学校附属が初の中高一貫生ですばらしい実績をしめし、昨春の大学合格実績でも都立白鷗、都立小石川、都立桜修館、都立両国など、公立中高一貫校は期待どおりの実績をあげました。

いま、中学受験を迎えようとしている受験生と保護者のかたは、私立にしろ、公立にしろ、国立にしろ、これだけ学校の選択肢が増えた、その真っただ中にいるのですから、幸せなことだと言えるでしょう。

ただ、進路や条件が増えるということは、それはそれで悩ましいことでもあります。

お手元にお届けした『2014年度入試用　首都圏　公立中高一貫校ガイド』は、そんなみなさんのために、各学校のホンネ、学校の素顔を校長先生のインタビューをつうじて探りだすことに主眼をおきました。

また、公立中高一貫校と併願することで、お子さまとの相性がマッチするであろう私立の中高一貫校もご紹介しております。

学校選択の基本はお子さまに最も合った学校を見つけることです。その学校がご家庭のポリシーとも合っていれば、こんなによいことはありません。

この本をステップボードとして、お子さまとマッチした学校を探しだせることを祈っております。

『合格アプローチ』編集部

ご投稿・ご注文・お問合せは

株式会社グローバル教育出版

【所在地】〒101-0047
東京都千代田区内神田2-4-2 グローバルビル

【電話番号】03-3253-5944《合格しよう》(代)

【FAX番号】03-3253-5945

URL：http://www.g-ap.com
e-mail:gokaku@g-ap.com
郵便振替　00140-8-36677

合格アプローチ　2014年度入試用

首都圏　公立中高一貫校ガイド

2013年7月25日　初版第一刷発行　**定価1000円**（+税）

●発行所／株式会社グローバル教育出版
〒101-0047 東京都千代田区内神田2-4-2 グローバルビル
電話 03-3253-5944（代）　FAX 03-3253-5945
http://www.g-ap.com　郵便振替00140-8-36677